残業ゼロで目標200%達成

常識を覆すマネジメント

鈴木富久

きんざい

推薦のことば

金融庁で地域密着型金融のあり方に関するワーキンググループで議論をしていた頃、全国各地の地域金融機関におけるこれぞ「ミスターリレバン」といわれる剣豪たちの門をたたき、稽古をつけてもらっていました。いまだからいえますが、全国の剣豪たちの生々しい現場の話は金融庁の議論で驚くほど威力を発揮しました。

業界屈指の岡崎信用金庫でミスターリレバンとして知れわたっていた鈴木富久さんと初めてお目にかかったのは、ちょうど鈴木さんが豊田南支店長で脅威的実績をあげて、本部のリレバン部署である経営サポート部長に就任された直後でした。本文中にも出てきますが、「中小地域金融には製造業のノウハウが驚くほど応用できる」との豊田南支店長時代の経験談は鮮烈なものであり、いまも忘れることができません。

その後、豊橋支店長、名古屋地区のブロック長として活躍しておられたときも職場に押しかけ、数々の示唆に富むインパクトのある話をうかがいました。そのときの鈴木さんの店舗の職員さんたちの生き生きと働いている姿はいまでも鮮明に残っています。

このたび、鈴木さんの営業現場経営ノウハウのすべてが本書に結実したことは、全国の中小地域金融機関の悩み多き支店長や現場の行員職員たちにとって吉報以外のなにものでもありません。

まずは「残業ゼロで目標200%達成」という題名で度肝を抜かれた読者は本文に入るや、自主性尊重とチームワーク、トヨタ生産方式のジャスト・イン・タイム・見える化、といったキーワードの展開に驚き、鈴木ワールドへとどんどん吸い込まれていくでしょう。

本書は前半（第一章）と後半（第二章）に分かれており、前半は営業店の風土の変革の方法について懇切丁寧に書かれています。後半部分は目標達成の仕組みの具体的な説明であり、実際の顧客との折衝事例も生々しく描かれています。金利引下げ競争による事業性融資に毒された多くの中小地域金融機関のヒトたちには猛省を込めて熟読してもらいたい部分です。

営業店でも本部でも、鈴木さんの周りにいる職員さんたちは常に躍動感があり、とても楽しそうでしたが、その理由も本書が明らかにしてくれるでしょう。本書によって、多くの中小地域金融機関のヒトたちが「中小企業金融・地域金融の仕事がおもしろく魅力的であること」をあらためて認識し、自らの仕事を見直して、地域のお客さまのために行動していくことを強く望みます。

一般社団法人 地域の魅力研究所
代表理事 多胡秀人

目次

第一章 束ねる——支店の風土を変革する

第二章 戦う——目標達成のための仕組み

第1章

束ねる――支店の風土を変革する

Q1 支店の業績が伸び悩んでいる。
どうしたら常に目標を達成できるようになるのか？

A1 「残業ゼロで目標２００％達成」という高い目標を設定することだ。

憲法を制定し、とてつもない目標を立てる

はじめに、支店の方針を打ち出します。これは「支店の憲法」に当たるもので、目標を達成するために必要な「方向性」や軸となる「価値観」等を示した「支店のあるべき姿」です。Ａ４の用紙１枚で、明快に内容を職員みんなに示し、全員が理解できるまで説明します。さらに、朝礼など折にふれて方針を徹底して確認します。

次に、とてつもない目標を打ち立てます。業績が伸び悩んでいる支店の共通点は、努力をすれば達成できそうな平凡な目標を設定していることです。目標が人を動かします。常識はずれと思われるような高い目標を設定することはとても大事です。高い目標とは、たとえば年度目標の２００％達成だったり、期限を前倒しての達成だったり、あるいは上半期だけで年度目標を達成したり、そういう高い目標です。私の場合は、「残業ゼロで目標２００％達成」という目標を定めました。「残業ゼロで目標

２００％達成」という目標は、職員にとって、これまでまったく聞いたこともないような目標です。いままでのやり方を踏襲していたら達成できないことは、誰もが直感的にわかります。新しい支店のあり方を全員で模索していくことになります。

さて、次はいよいよ戦うための態勢づくりにかかります。それが残業をゼロにする取組みです。

なぜ残業ゼロを目標にするのか

残業ゼロは、目標を達成するためのひとつの手段です。ですから、「残業ゼロ〞で〞目標２００％達成」なのです。２００％達成という目標は、個人による競争では到底達成できるような数字ではありません。他者の敗北ありきでする〝競争〞による成果は、全体に達成感を与える〝協力〞、つまりチームワークによる成果に遠く及びません。２００％達成という目標は、支店が一丸となって総力をあげないとできない数字です。

「残業ゼロ」という目標は、強いチームワークをつくるための手段です。「残業ゼロで」とは、残業ゼロという手段で、目標２００％を達成するという意味です。残業ゼロは、チームワークをつくるための手段のひとつですから、ほかに強固なチームをつくる方法があればそれでもかまいません。

ではなぜ、残業ゼロを目標にすると強いチームワークができるのかをご説明しましょう。

まず、残業ゼロという目標は、支店職員の「誰もが当事者としてかかわることができる目標」だということです。これはとても大事なことです。たとえば「売上げ200％達成」だけを目標にすると、営業にかかわる人だけの話になってしまいます。支店をまとめるためには、全員が当事者になるプロジェクトが必要です。

また、残業ゼロという目標を達成するためには、既存の考えにとらわれず、大胆に改善する必要があります。そこで、組織横断的なチームをつくって、業務改善案を考えてもらいます。渉外、融資、窓口などの組織に横串を通すのです。こうした取組みを通して、縦割り意識はなくなり、支店の職員は一丸となります。

加えて、残業ゼロという目標は、誰かひとり脱落しても達成できない目標であることがポイントです。「自分ひとりぐらい、いいだろう」とか「この程度なら許されるのではないか」という考えの職員がひとりでもいたら達成できません。自分ができなければ、支店の仲間に迷惑をかけることになります。誰もがやらざるをえない目標といえます。残業ゼロはエースで四番バッターがいても不可能で、全員が一致協力しないと達成できない目標なのです。自然と、協力する意識が芽生え、チームとしての態勢ができてきます。こうしてチーム力が高まるという仕組みです。

このようにして、２００％達成のための態勢（素地）ができるのです。「残業をゼロにすることで強固なチームワークをつくり、そのチームワークで高い目標に向かって全員が一丸となって達成する」これが王道です。

なぜ２００％を目標にするのか

私は20年間ずっと渉外を担当してきました。そのときの経験から、小さな目標を立てるよりも、大きな目標を立てたほうが達成できることを感覚的に知っています。

もし、目標が１２０～１３０％程度なら、多くの渉外担当者は、これまでの成功体験の延長線上に目標を据えて、新しいやり方にチャレンジすることなく、いままでどおりの手法と努力で取り組もうとするでしょう。しかし、渉外という職務はマンネリ化しやすいものです。マンネリ化はモチベーションの低下に直結します。その結果、成果をあげるのはむずかしくなるでしょう。

しかし、２００％というとてつもない目標ならどうでしょうか。まず過去の手法は通用しません。いままでのやり方を捨てて、新しいやり方を考えるしかないことは明らかです。未知の数字への挑戦は、モチベーションが高まります。さらに、未知の数字への挑戦は、眠っていたその人の潜在能力をも引き出します。危機意識が能力を目覚めさせるのです。その結果、とてつもない目標は達成できるというわけです。

目標が人を動かします。大きな成果を生むためには、とてつもなく高い目標が必要になります。目標があるから、人のやる気にスイッチが入るのです。

ポイント1　残業ゼロで目標達成

①残業ゼロを目標にする

←②目標を達成するために組織横断的なプロジェクトチームを組成する

←③部署を超えたチームワークが生まれる

←④高いチームワーク力で目標200％を達成する

（個人ではできないが、チームならできる）

図表　支店の基本方針例

○○支店　基本方針 **～全員で“やりがいのある職場”をつくろう！**
1. 基本指針 ①お客さまに付加価値という商品を提供しよう ②新しいことにチャレンジし続けよう ③みんなで助け合って楽しく仕事をしよう ④学びあえる職場にしよう ⑤仕事もプライベートも大切にしよう
2. 行動指針 ①すべてチームワークで取り組む ②すべて自主的に取り組む ③報告・連絡・相談を徹底して情報を共有する ④振り返りと改善を怠らない（P・D・C・A） ⑤創意工夫をする
3. 約束 ①仕事は時間内に必ず終わらせる（短期集中） ②自分たちで決めたことは、必ず実行する ③毎日、笑顔であいさつする
署名 ㊞ 署名 ㊞ 署名 ㊞ 署名 ㊞ 署名 ㊞ 署名 ㊞ 署名 ㊞ 署名 ㊞ 署名 ㊞ 署名 ㊞ 署名 ㊞ 署名 ㊞ 署名 ㊞ 署名 ㊞

ポイント2　残業ゼロの二次的効果

①自主性
・チームでの取組みが自主性を発揮させる
②集中力
・短期集中せざるをえない状況が成果をあげる
③責任感向上
・言い訳ができない、逃げられないことで責任感がつく
④人材育成
・自ら考え行動する職員が育つ
・時間をかけられないことが、創意工夫と能力アップにつながる
⑤チームワーク向上
・誰も残業できない状況と組織横断的プロジェクトが、チームワークを高める
⑥モチベーションアップ
・ワークライフバランスと内発的動機づけの取組みがモチベーションアップにつながる
⑦社会貢献

・光熱費削減によりCO_2が削減できる

Q2 常勝チームをつくるためには、どのように人をマネジメントしたらいいのか？

A2 命令をしない。目標・方向性を示し、やり方は任せるのだ。

やる気にさせる三つの要因

なぜ命令も指示もしないのかというと、職員のモチベーションを上げ、彼らの潜在能力を最大限に引き出すためです。

職員のモチベーションを上げるためには、三つの要因が必要です。

一つ目は「自主性を尊重」すること。職員が、自分たちでやり方を考えて、それに基づき、責任をもって実行することで、モチベーションは高まります。支配による管理をしたり、命令で人を動かしたりしてはいけません。金融機関の職員は、肩書のある者から命令されて動くことが当たり前になっていますので、まずはその意識を変える必要があります。

二つ目は、「桁はずれの目標を設定」することです。たとえば前年対比200％という目標は、いままで体験したことがない目標です。いままでのやり方は通用しません。根本的にやり方を変えない限り達成できないことは、誰の目にも明らかです。未知への挑戦です。そうであるからこそ、チャレンジ精神がかき立てられるのです。

三つ目はきずな、「チームワーク」です。人は、自分のためだけにがんばるよりも、仲間や誰かのためにがんばるほうが、モチベーションが高まります。なんでもチームで考え、チームで助け合い、責任をもって実行することで、高いモチベーションがもたらされます。

これら三つの要因を満たすことで、職員のモチベーションを上げ、常勝チームをつくるのです。

自主性を身につけさせる方法

いきなり支店長が「これからは自主性に任せる」といっても、みんなは疑心暗鬼になります。「あんなことをいっても、いずれは指図するんじゃないか」と内心思うものです。いままでそうでしたから、これは仕方のない反応です。口でいくらいっても疑心暗鬼は拭えません。とにかく実際に任せてスタートします。

はじめに、残業をゼロにするための委員会を立ち上げます。残業ゼロは、支店の職員全員が主役としてかかわることができる課題だからです。この委員会で、残業をゼロにするための問題点を抽出し、それに対する解決策を出していきます。これをすべて職員だけに任せます。

もちろん支店長にしか解決できない問題は支店長が処理します。「残業ゼロ」という目標も支店長が設定します。しかし、それを達成するためのやり方の部分については、自分たちで考えて実行させるわけです。この委員会での作業を通じて、職員は「自分たちのやり方を自分たちで決めて、自分たちが実行する」というサイクルを短期間に身につけます。こうしたアプローチは大変有効です。

具体的に説明しましょう。課題の抽出と解決方法は、「ワークアウト」という手法を使います。ワークアウトとは、アメリカのゼネラル・エレクトリック社（GE）で実施された業務改善プログラムです。ムダな仕事を排除することからワークアウトといいます。現場に、組織横断的なチームをつくり、業務改善策を話し合って、最善の策を選び、それを実行する手法です。

私は、かつてGEキャピタルの日本法人の副社長と個人的なつながりをもっており、東京に遊びに行った際に「こういういい方法があるよ」と教えてもらいました。それ以降、15年間くらい私も採用している手法です。与えられた課題を職員が自主的に解決するためには、このワークアウトの手法を用いるのがいちばんいいように思います。

残業ゼロの委員会で、どのようにワークアウトの手法が使われているのかをご説明しましょう。まず、残業ゼロという問題を話し合う際、残業できない理由を各自が口頭でいうのではなく、ポストイットに書いていきます。最低でもひとり三つから五つ、「〇〇というところが問題」と明記します。それをボードに貼っていきます。同じ意見は縦に並べて貼り、絞り込んでいきます。

ただのディスカッションだと、声が大きい人の意見が通りやすくなってしまいますが、そうならないのがワークアウトの利点です。ブレーン・ストーミングの基本的なルールは、「批判してはならない」「質よりも量」などいくつかあります。

金融機関の職員は、命令されることに慣れています。支店の方針や、やり方に関して、意見を述べて、そのとおり

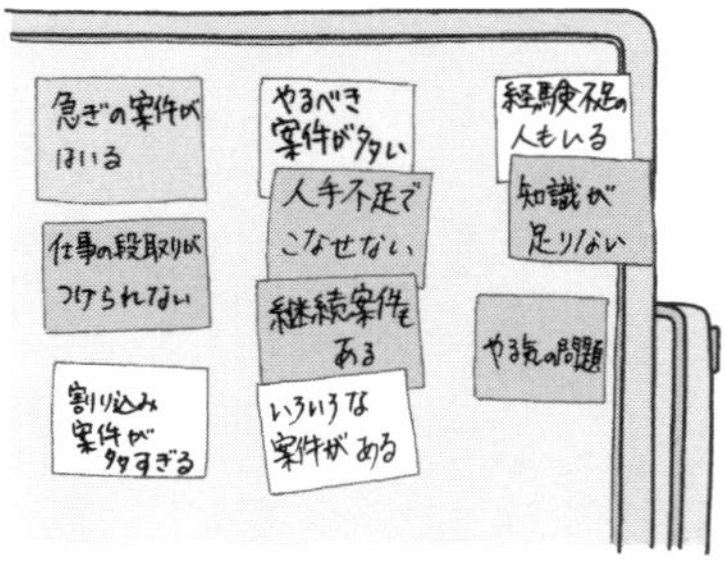

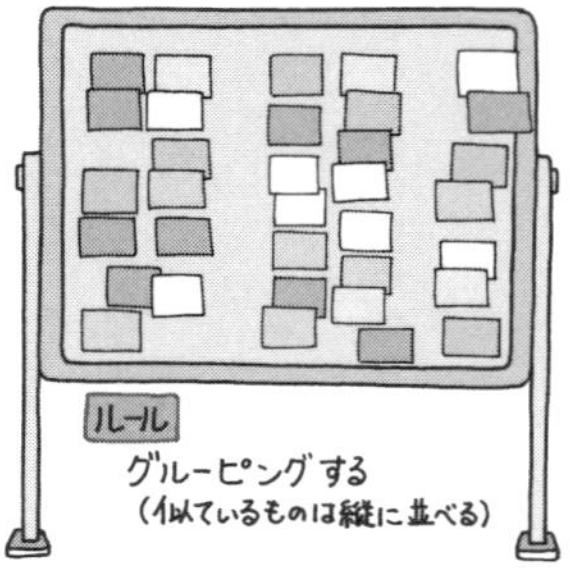

になった経験はほとんどないでしょう。最初は、少し戸惑うかもしれません。しかし、このワークアウトの手法は、経験上、地域金融機関に合っているように思います。なぜなら、この手法はすぐに職員に浸透したからです。

自分たちで出した解決策ですから、自分たちで責任をもって実行するのは、当然のことであり、すべての職員に責任感が芽生えます。

ポイント3　モチベーションを上げる要因

・自主性の尊重
・とてつもない目標
・チームワーク

※参考　内発的動機づけを促す三つの欲求（エドワード・デシ&リチャード・ライアン「自己決定理論」）

・自律性の欲求（自ら選択し自ら行動したい）
・有能感の欲求（周囲とのかかわりのなかで自分の有能さを感じたい）
・関係性の欲求（他者とつながりたい、帰属したい）

ポイント4　モチベーションを上げる変革

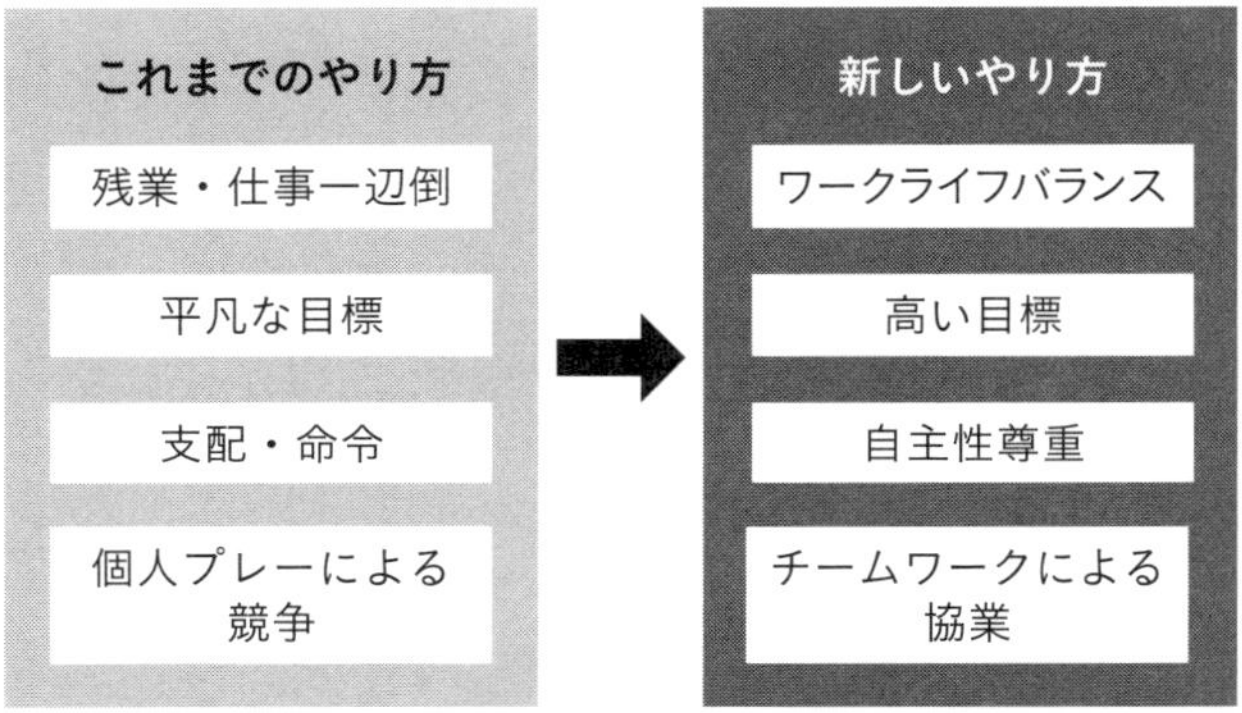
これまでのやり方
残業・仕事一辺倒
平凡な目標
支配・命令
個人プレーによる競争
新しいやり方
ワークライフバランス
高い目標
自主性尊重
チームワークによる協業

ポイント5　ワークアウトの手順

①テーマを決める（目標・あるべき姿）
②ブレーン・ストーミング（問題点の洗い出し）
・各自ポストイットに書き出す
・ルールは、❶1枚に一つ書く、❷大きく簡潔に書く、❸数多く書き出す、❹批判しない、❺便乗してもいい
③グルーピング（問題点を確定）
・同じ種類を縦に並べる
・違う種類は横に並べる
④ブレーン・ストーミング（仮題決定）
・グルーピング
⑤ペイオフマトリックス（優先順位決定）
⑥実行する

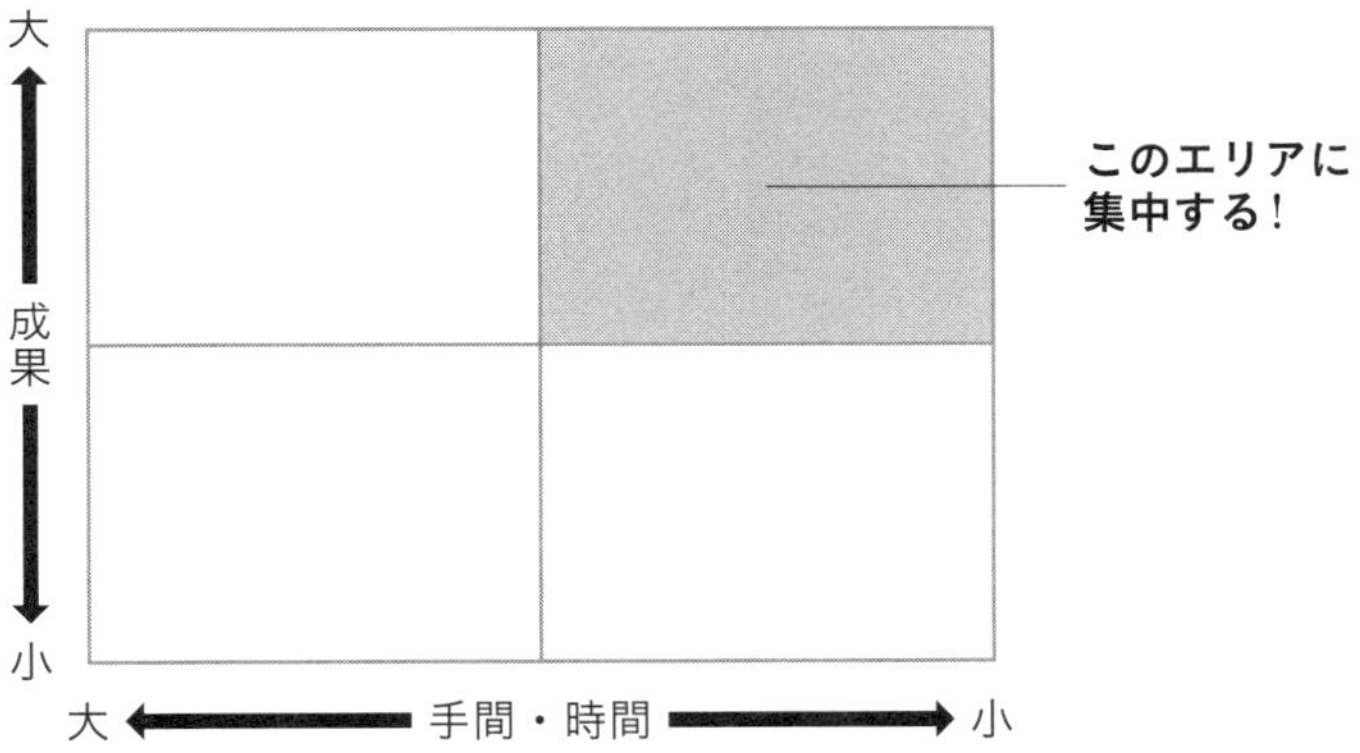

Q3 どのようにすれば残業をゼロにできるのか？

A3 組織に横串を通すのだ。

残業しなくてできるのか

残業しないということは、全員が時間内にすべての仕事を終えなければならないということです。時間は短くなりますが、見方を変えれば短期集中せざるをえなくなるということです。業績をあげようと思うと、長時間働かなければならないと思いがちですが、実は、短期集中のほうが成果はあがります。特に金融機関の仕事は短期集中に向いています。

これは私の経験からの法則です。かつて、私は外回りをしていたころ、だいたい22時か23時まで仕事をして、疲れて帰宅し、次の日は7時半頃会社に出勤していました。その繰り返しです。こうした状況が続くと、渉外の成績に悪影響が出ます。

試しに短期集中方式に行動を変えてみました。短時間に準備して、お客さまと折衝するようにしたら、時間に反比例して成果はあがりました。この体験が、残業ゼロの考え方のベースになっています。短期集中すれば、効率が上がり、結果として残業ゼロも可能になるのです。決め手は集中力です。

金融機関では、遅くまで残っている人が一生懸命に仕事をしている人だと見られがちです。人は弱いものですから、成果をあげられなかったときの言い訳を考えておきながら仕事をします。「残業したけれど、できませんでした」という言い訳です。

しかし、残業ゼロにすることで、全員が同じ条件になります。言い訳ができなくなり、がんばって時間内に成果を出さざるをえなくなります。おのずと短期集中となり、成果も以前よりあがるようになります。

横断的なチームで取り組む

支店全員の残業をゼロにするという目標は、いままでのやり方ではできません。全部署が参加して、みんなで創意工夫する必要があります。新しいやり方のアイデアを出し合い、それに挑戦し、問題があれば改善します。高い目標ですから、チャレンジ精神がわき、モチベーションが高まります。

残業をゼロにするための具体的な方策は、「残業ゼロ委員会」を設置して、そのプロジェクトチームで考えます。メンバーは立候補制です。年齢、性別、各部署を横断したチームをつくります。立候補制ですから、支店長は人選等にいっさい関与しません。リーダー、サブリーダーも互選で決めます。

チームの人員は5、6人です。1対1だと意見が出にくい傾向がありますが、5、6人集まると意見が出やすくなります。しかも、自分たちが出した意見やアイデアですから、行動が伴い、成果も早く出ます。

残業ゼロへの反発

残業ゼロという目標は、スタート直後は、なかなか理解されません。職員たちの戸惑いや反発が大なり小なりあります。エピソードをご紹介しましょう。こんなことがありました。

支店のナンバー2とナンバー3が私のところにやってきて、「申し訳ありませんが、案件の数がすごく多いので、残業をさせてください」というのです。私は、「時間内に成果をあげることを目標にしているのだから、その方針を破ってまで数字をつくることは、まったく考えていない」と言下に断り、続けて「できないことをやれといっているわけではない。しかし、できない案件の金額はいくらになるのかは報告してほしい。できないのであれば、それは私の責任として上に報告して頭を下げるから、君たちは時間内にできないものはやらなくていい」と答えました。方針を曲げて、残業をさせて数字をつくるようになると、支店は元の木阿弥《もくあみ》状態になり、結果、200%

も達成できなくなります。

このケースでは、結局、残業ゼロを遵守し、数字も達成しました。どうやって数字をつくったかは知りませんが、一念発起してずいぶん工夫したようです。職員の自主性はこうして育まれていきます。

また、こんなこともありました。その支店では、残業ゼロ委員会を10月に立ち上げました。委員会には、やり方や開始時期など、すべてを任せ、報告だけ受けていました。11月の終わりぐらいのこと、その委員会のメンバーが私のところにきました。「残業ゼロを始めるのを1月からにします」という報告です。理由は、「12月はすごく忙しいので、次の月からにする」ということでした。私は、「わかった。委員会にすべてを任せているから、私はとやかくいわないけれど、すごく忙しい12月に達成するからこそ価値があるんじゃないの？　誰でもできそうな1月から始めてモチベーションは上がるのかい」といって、もう一度委員会で諮ってもらいました。

残業ゼロができなかったとしても叱咤《しった》されることも罰を与えられることもありません。大事なことは、チャレンジするかどうかです。結局、残業ゼロは12月から始まり、無事達成できました。

支店全体に横串を通す「残業ゼロ」のプロジェクトは、強固なチームワークを生み出します。それは、他店を圧倒するものがありました。私の支店に転勤してきた人に、赴任後2週間ぐらいしたころを見計らって「うちの店の感想をいってほしい」と聞くと、ほとんど全員が「この店では、誰も指示しないのですね」という答えが返ってきます。たとえば、仕事は17時半までに終わらせなくてはいけないのですが、16時の時点で、どこかの作業が遅れていると、誰からともなく「何かあった?」「手伝おうか」と自発的に人が集まります。組織に横串が通ると、自然に協力し合うようになってくるものです。問題があれば、自分のことのようにとらえて動く、そういうチームワークが「残業ゼロ」によってできあがったのです。

ポイント6　残業をゼロにするための要因

・組織横断的なプロジェクトチームの組成
・短期集中力を発揮させる
・チームワークで取り組む
・見える化で進捗《しんちょく》を管理する

COLUMN

以下は、支店を見学した人の率直な感想をまとめたものです。

支店見学の感想　信金愛子（仮名）

1　チームワークのよさ

この支店の職員は、みんな生き生きしていたように感じました。それは、個人プレーではなく、チームワークで目標を達成していくんだという方針のもと、職員が助け合っているからだと思います。

たとえば「残業ゼロ」という目標がその代表です。残業になっていた原因をリストアップし、どうしたらゼロにできるのかを全員で考えて、創意工夫して改善したことで、ムリに思えた目標が達成できたのです。しかも、この取組みを通して、全員の意識が高まったといいます。全員がひとつの目標に向かって、団結してがんばっていくから、みんなが「やりがい」を共有できたのだと思います。

2　見える化の浸透

想像以上に、いろいろなことを「見える化」していたことを知り、すごく驚きました。伝票置き場の整理を町の地図のように立体的に表示したり、やりがいのある職場づくりを絵にしたり、毎日の作業チェック表をかんばん方式にしたり、商品勧誘の目標達成を動く絵本のようにしたり、各職員ができる仕事と成長記録を星取り表にしたり、その日の現金授受の有無を表にしたり、あらゆることを誰が見てもすぐにわかるように、図や絵にしていました。

しかも、それは単なるグラフといった事務的な表ではなく、手書きの絵や貼り絵などにして、楽しくつくられていました。まるで幼稚園の教室の壁にかざってある絵のようです。進捗管理の表をつくることをみんなで楽しんでいるのが、目に浮かぶようです。これなら明るく前向きに仕事ができそうな気がします。

3．誰も指示しない職場

働いている職員に聞いてみると、「新しい取組みが多く、しかも自分ですべて考えなければいけないので、最初は大変だと思った」といいますが、しだいに自主的に仕事をすることが当たり前になってきて、「この季節になったらあれをして、これを工夫して」と行動するようになったといいます。これは驚きとともに、うらやましくも感じました。同じ歳の仲間がこんなにがんばっているのだから、私も負けてはいられません。

私の支店はロビーが広く、人数が多いため、各課のフロアで「見える化」をしたり、あるいは課ごとに作成したりして、工夫してみたいと思います。まだまだ「見える化」の考えは、金庫全体に浸透しているわけではありませんが、これが全体に広がれば、職員の意識を高めることができるように思います。

Q4 残業ゼロ以外にチームワークをつくる方法はないのか？

A4 お客さまを抹茶でおもてなしするのはどうか。

支店で抹茶の催しをしたことがありました。きっかけは、市役所で行われたシニア向けの「抹茶の作法を学ぶセミナー」に私が参加したことです。その際、「おや、抹茶のイベントは、ほかの支店でやっていないみたいだからおもしろそうだな」と思い、一度やってみようと職員に提案してみたのです。

しかし、支店にはお茶の経験者が1人もいませんでした。作法を教えてくれるお茶の先生を探したのですが、「流派によっていろいろな作法があるから」と、取引先に紹介してもらった3人すべてに断られてしまいました。探し回っているうちに、たまたま、うちのOGがお茶の先生だということがわかり、お願いしてみたらOKをいただけました。なんとか先生が決まりました。

次に問題になったのは傘や毛氈《もうせん》といった道具の調達です。こちらは、たまたま職員のお母さんがお茶の先生をしているということで、そちらの道具を貸してもらうことになりました。これもラッキーでした。

いよいよ練習が始まり、リハーサルを何度もしました。支店内でやりますから、練習はシャッターが閉まってから、就業時間内の間にします。お茶わんを洗う係、誘導する係、お茶をたてる係、そういう分担は職員みんなで決め、私はいっさい口を挟みませんでした。

そして、ようやく本番です。応接を「松の部屋」「竹の部屋」とお茶室に仕立ててお客さまをお招きしました。結構広い店だったので、お茶のコーナーにお客さまを誘導する必要がありました。しかし、いくら声をおかけしても「いや、今日はちょっと・・・」と断られてしまいました。「普段着だから」という理由でした。女性のお客さまらしい反応で、なるほどと思いました。

しかし、「今日は、お茶を楽しんでいただくことが目的なので、普段着でどうぞ」と申し上げたら、みなさんコーナーにきてくださいました。職員もいつもの制服でした。こうして抹茶の催しは盛況に終わりました。

この催しが業績にどう影響したのかの検証はしていません。しかし、「いままでどこの支店もしたことがない催しを自分たちが勝手にやっていいのか」という金融機関ならではの横並び意識をぶちこわすことができた点に大きな意義がありました。

催しをする前には感じられなかった支店の一体感ができあがっていました。チームワークでイベントを成し遂げたことが功を奏したのです。前例がなく、誰も考えもしなかったものに挑戦することで、モチベーションは高まり、創意工夫が生まれ、チームワークができあがる好事例となりました。

論語に、「これを知る者はこれを好む者に如《し》かず、これを好む者はこれを楽しむ者に如《し》かず」（これを知らない者は知っている人には勝てなくて、知っている人は楽しんでやっている人にはかなわない）という一節があります。仕事であっても、楽しんで取り組むのと、嫌々取り組むのとではモチベーションが全然違います。いままでと同じイベントをしていたら、楽しくないし斬新なアイデアも出てきません。未知への挑戦は、残業ゼロと同様に、チームワークづくりになることがわかったエピソードです。

ポイント7　チームワークを生む要因

・組織横断的なプロジェクトの組成
・短期集中の取組み
・楽しい取組み
・新しいことへのチャレンジ

Q5 残業をゼロにできない部署もあるのではないか？

A5 1日の仕事量を決めればできる。

残業がなくならない理由

どこの金融機関も同様だと思いますが、融資の事務をする部署が最終的にネックになって、なかなか残業を減らせません。

新規融資の案件は、1日にそんなにあるわけではありません。もし、1日に3件あったら、月に75件になるわけです。現実には、普通の店で10～25件件程度です。それなのに、どうして融資の事務は残業をなくせないのでしょうか。その最大の原因は、1日の仕事量を決めないで仕事をしているからです。

融資課（事務）の仕事は、新規案件の稟議書を書くこと、継続案件の書類を書くこと、延滞状況や担保の調査をすること、その他いろいろな付帯業務があります。いちばん重い業務は新規案件の申請書あるいは稟議書を書くことです。この新規案件がスムーズに流れないために、1日の仕事量が決められないのです。

新規案件が滞る要因は二つあります。一つは、書類の不備によって進行が滞る場合です。渉外がとってきた案件は融資課の役席にあげられますが、その際、書類に不備があると「ちょっと待て、書類が足りないじゃないか。こんな書類のないものはあげられない。これはダメだ」と突き返されます。書類の不備があると、それだけで2日も3日も案件が滞ってしまうだけでなく、全体の流れにも悪影響を及ぼします。

もう一つは、渉外が案件をとってきた際に「３０００万円の無担保融資か、むずかしそうだな。どうしよう」と、ひとりで悩んでもたもたしている場合です。それと、融資課の役席から「これはダメだ」とか「これはむずかしい案件だ」といわれて案件が滞る場合です。

お客さまから「なんだ、おまえのところは返事が遅いじゃないか」と怒られたり、行きづらくなって疎遠になってしまったりします。その結果、その案件は取り上げられずに、お客さまに「ちょっとむずかしい」と返事をしてやめてしまうことになります。そういうケースが実は相当数ありました。これでは、目標200%達成なんてできません。

融資案件会議で解決する

新規案件が滞る二つの要因を解決するために、融資案件会議を開催することにしました。基本は毎朝ですが、案件があがるたびに随時開いて、渉外担当者たちから情報や意見を聞くようにしました。

会議には、支店長、次長、融資課、案件作成者、それにその案件に興味がある渉外担当者が出席します。その会議では、新規案件をすべて決裁します。イエスか、ノーか、あるいは条件付きでイエスか、それを必ず即決します。決裁すれば、その日の新規案件が何件あるのかが明確になります。あとは継続案件や延滞管理やその他の仕事を融資課のなかで割り振ってもらいます。その際、必ず17時までに終えることができる仕事量にすることをルールにしました。それ以上の計画を組んではいけません。こうして1日の仕事量が決められました。1日の仕事量が決まり、仕事が流れ始めればリズムが出てきます。案件がスムーズに進むのですから、残業をゼロにしてもお客さまに迷惑をかけることはありません。

では、新規案件が滞る二つの要因を、融資案件会議でどのように解決するのかをお話ししましょう。融資案件会議では、「与信の判断は支店長がするから、すべての案件をあげてこい」といって、書類が不完全でも案件をあげさせるようにしました。具体的には「書類がなければ口頭でもかまわない、書き方がわからなかったらどこがわからないか話してくれ」と促しました。もちろん、最終的な段階までには書類をそろえますが、融資案件会議の段階では「この顧客はこの条件でいい。必要な書類は融資課に聞いてそろえてくれ」「この案件は、あれとこれを確認したらオーケーだ」という具合に書類が不備であっても、決裁をして案件を進めました。決裁さえしてしまえば、案件は中ぶらりんになりません。

渉外が10人いれば2人や3人は、必要な書類がわからない者がいますし、どう書いていいのかわからないという者もいます。書類不備から事務が停滞して、案件がなくなってしまうのがいちばん恐れていることです。融資案件会議には、事務を滞らせず、消えてしまいそうな案件を拾い上げる役割がありました。

また、融資案件会議では、すべての案件を支店長が与信判断しました。案件は抱え込ませず、すべてあげさせました。

与信判断は支店長しかできない専権事項です。それを融資課が部分的にしていたことも案件が滞った原因です。たとえば「この案件は、こういう担保をつけてもらったらどうか」「保証協会をつけてもらったらどうか」ということを融資課が相談を受けて考えていたのです。

渉外には、融資課に相談することを禁じ、融資課には与信判断にかかわることを禁じました。与信判断ができない者に相談しても意味がないからです。すべての案件は、融資案件会議で、支店長が決裁するようにしたのです。

みんなが意見を出し合う場

融資案件会議では、支店長が最終的に与信判断をしますが、支店長がもっている情報だけで、判断するわけではありません。会議では、各自が意見を出し合います。日頃から情報を交換したり、意見をいえたりする雰囲気をつくっておくわけです。ですから、「ここは、実はこういう情報があって」とか、「昔こんなことがあって」というように、各自が知っている情報があげられます。

マイナスの情報もあげられますが、どちらかというとプラスの情報をあげます。プラス発想で、どうしたら融資できるのかを考えるためです。「あそこはあまり業績がよくないけれど、実はおじいちゃんが大きな賃貸物件をもっていて、相続するから実際には心配のない案件だ」とか「奥さんの実家が資産家だから、いざとなったら問題ない」というような情報です。このような情報のなかには、稟議書や書類に書きにくい類いのものもあります。しかし、書類に書きにくいような情報のほうが重要なこともあるわけです。みんなからの情報があるから、書類が教えてくれる情報に頼らないでも与信判断ができるのです。

そもそも、業績がよく、財務内容もよく、格付もよく、担保もあって、保証もついてという案件はそうはありません。そういう案件なら、どこかの金融機関がすでに融資していいます。「これはちょっと財務データ上問題がある」「担保保証に問題がある」というように、どこかに問題がある案件を、プラス発想で、どうしたら融資できるのかを考えるのです。それができなければ、とても200%達成なんてできるわけがありません。

しかし、なかにはどうしても融資できない案件もあります。その場合は、担当者ではなく、支店長か次長が断りに行きます。担当者には、「断るときは、支店長か次長が行くから、安心してとってきてくれ」「君がとってきたものを、君に断ってこいとはいわないから、どんどん案件をあげてくれ」といい続けて、案件をとってくることに専念させたのです。

支店長の与信判断能力

即日決裁するということは、支店長に与信判断の十分な技量が必要だということです。支店長は覚悟を決めて、日頃から足しげくお客さまのところを回って、工場など現地現物をよく見ておくことが大切です。お客さまを知っていないと判断できないからです。

お客さまを知っていれば、案件があがってきたときに、「何だ、あそこのお客さんか。別に何の心配もないじゃないか」とか、「あそこはだめだぞ」とか、そういうことが判断できます。知らなければやりようがないです。顔もわからないのに決裁するなんてできません。

お客さまを回って、判断しているうちに技量が磨かれ、経験値は上がります。お客さまと話をしているうちに、当たり前の話ですけれど、お客さまに興味をもつようになってきます。そのために支店長は外に出てお客さまを回る必要があります。

さて、目標200%達成に向けて、1日に取り上げる案件数を引き上げ、しかもすべて即日決裁すると、事務量は数倍に膨れ上がります。処理する態勢ができていない状態で、残業時間だけゼロにして、たくさん案件をあげさせたら、事務がパンクしてしまい、お客さまに迷惑がかかります。いくら案件をあげても処理できる態勢ができてこそ、残業ゼロでもお客さまに迷惑をかけないようにできるのです。

ポイント8　融資事務の残業をゼロにする変革

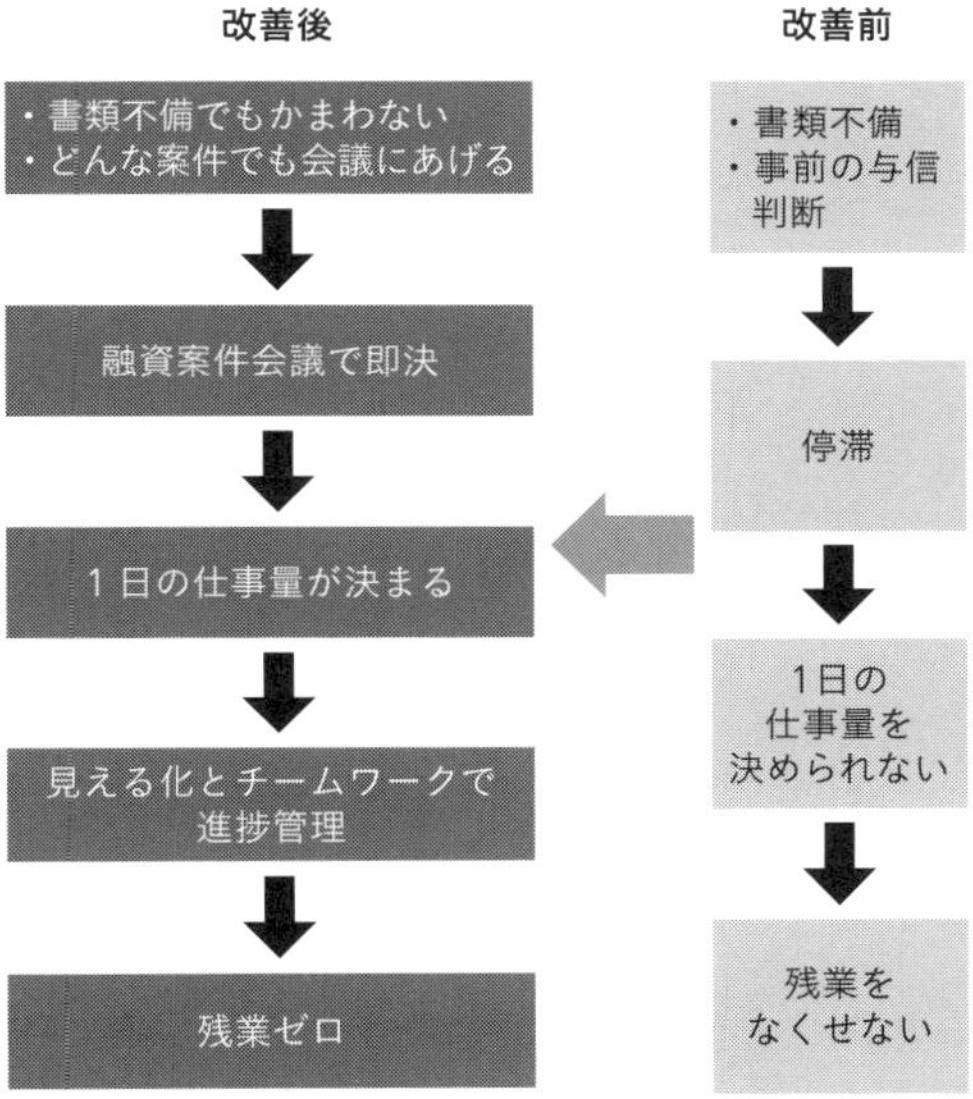

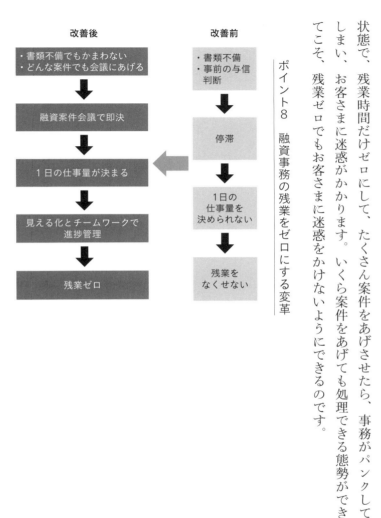

ポイント9　融資案件会議の概要

①目的
・支店方針の浸透
・融資に強い人材育成
・コミュニケーション向上と情報共有
・浮き貸しを防止し職員を守る
・残業ゼロ
②ルール
・渉外係と融資課の個別案件相談を禁止
・融資課に決裁権限はない
・案件協議の資料は不完全でも可
③ポイント
・プラス発想で、できる方法を考える
・スピード第一

Q6 どのようにチームをつくり、どうやって目標を達成するのか？

A6 自発的につくり、自主的に行うことで達成する。

メンバーもリーダーも立候補

まずは、どのようにしてチームがつくられるのか、からお話ししましょう。チームは、プロジェクトごとにつくります。プロジェクトは、住宅ローンの肩代わり、定期預金獲得、年金口座獲得などの営業推進が中心になりますが、それだけではありません。プロジェクトの代表ともいえる残業をゼロにするプロジェクトや、報告・連絡・相談を密にするプロジェクト、伝票などの事務書類を整理整頓して使いやすくするプロジェクト、事務ミスを防止するプロジェクトなど、さまざまなものがあります。

支店全体で取り組むプロジェクトの場合は複数のチームがつくられますが、一つのチームで取り組むこともあります。

基本的に、6人で1チームを組成して、プロジェクトに取り組みます。メンバーは立候補制です。6人のうち1人はリーダーです。リーダーはメンバーで話し合って決めます。

なぜ6人かというと、1人の管理者が管理する部下の人数は5〜7人が適正であるという考えに基づいているからです。これは、「スパン・オブ・コントロール」（管理の幅）という経営学の考えです。６人をチーム編成の基準にして、プラス・マイナス１人ぐらいで組成します。支店の職員は、６人でチームを組むことに慣れていますので、みんなそういうものだと思っています。

チームで解決策を決める

どうやってチームワークを働かせて目標を達成するのかについては、事務ミス防止のプロジェクトを例にしてご説明しましょう。

あるとき、14時半までにしなければいけない電信振込みの処理を、うっかり忘れてしまったことがありました。事務ミスです。再発防止の態勢をつくらなければなりません。そこでプロジェクトを立ち上げました。

まずは、「昨日、電信振込みを忘れるという事故が起こりました。たまたま大事にならなかったものの、お客さまに迷惑がかかることなので二度とあってはならないミスです。再発防止のためにプロジェクトを立ち上げます。プロジェクトのネーミングも含めて、態勢づくりを考えてください。どなたか立候補者はいませんか」とメンバーをその場で募ります。みんな、わきまえていますので、「私がやります」と手をあげてくれます。メンバーが足りなくて困ることはまずありません。

さて、今回の事務ミスについて、チームでワークアウトをしたところ、誰かひとりに責任を負わせる態勢になっていたことが問題だという結論になりました。チームが出した解決策は、「見える化」を主とした管理です。ボードに電信振込みの依頼があったら赤い看板をつるし、処理が終わったら裏返して青い看板をつるすというものです。看板を裏返す担当者や全体の責任者は定めないことになりました。

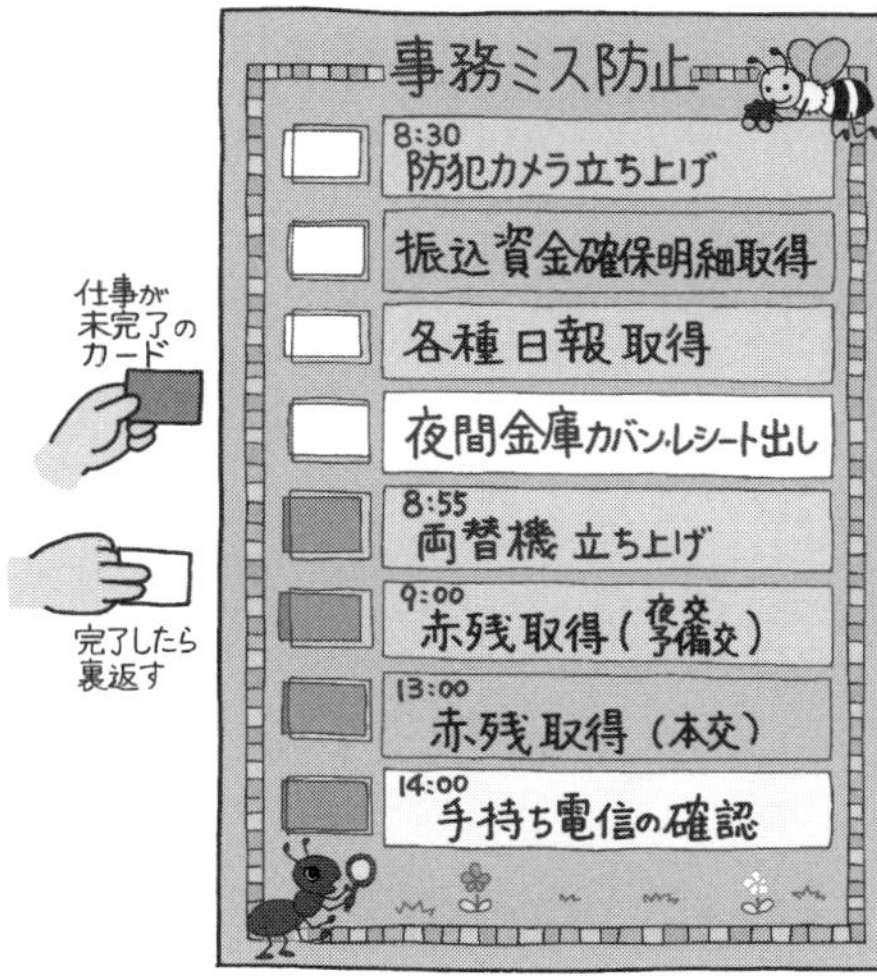

私は、「責任者を決めない」という方針に驚きました。金融機関の常識からは考えられないことだからです。

チームのメンバーに責任者を決めない理由を尋ねたところ、「みんなで管理するので、看板を赤色から青色に裏返す担当者も、全体を管理する責任者も必要ありません。誰かを責任者にすると、その人がするからいいだろうと思ってしまいます。そのようなことをしていたら、『見える化』しても意味がないと思います」とリーダーは私にいいました。この振込みミスの事故は、支店にとっても、そして私にとっても意識を大きく変えてくれる出来事となりました。

このときのチームは、責任者を決めない代わりに、携帯電話のアラームを使って、確実に事務ミスを防止できる方法を考え出しました。スマートフォンのアラーム設定をして、処理を忘れることがないようにしたのです。看板による目で見る管理と、アラームによる耳で聞く管理を両方するというアイデアでした。みんなが考えた解決策です。

事務ミス防止のプロジェクトは、私が次に赴任した支店では立ち上げませんでした。ミスが起こってもいないのに、前の店で成功したという理由でプロジェクトを立ち上げるのはいかがなものかと思ったからです。職員自らが改善する必要を感じていないところに、支店長が一方的に「プロジェクトを立ち上げてほしい」といったら、命令になってしまいます。

プロジェクトは、チームワークを高める働きをするため、数多く立ち上げたいのですが、自主的に取り組んでほしいため、何かしらミスが起こって、プロジェクトを立ち上げるきっかけができるのを、いい意味で待っていたともいえます。

ポイント10　プロジェクトチームのつくり方

・メンバーは立候補制
・リーダーはメンバーが互選で決める
・チームは6人程度で編成
・やり方はメンバーの自主性に任せる
（ワークアウトを活用）
・組織横断的に組成

Q7 支店長はチームに何も指示しないのか、進捗管理は誰がするのか？

A7 「デザイン・レシピ」と「見える化」で行う。

みんなで「デザイン・レシピ」を書く

チームができたら、次はメンバーで「デザイン・レシピ」を書くことになっています。「デザイン・レシピ」とは、日本語にすると「行動計画」とか「達成計画」という意味で、自分たちの方針や目標のことです。漢字で書くと堅苦しい感じがしますので、楽しく取り組めるようにカタカナにしました。「デザイン・レシピを書いてください」というと、「それ、何なの？」と聞いてきますが、わかったような、わからないようなカタカナ言葉のほうが、みんなになじみがいいこともあって、この言葉を使っています。

とはいえ、最初はうまく書けません。金融機関の支店では、書く文化や企画する文化がほとんどないからです。しかし、描くても書いているうちに、だんだんできるようになってきます。言葉で「今回はこうします」というのではなく、文書に落とし込んで、みんなで見えるようにするのが肝です。一目瞭然になります。

デザイン・レシピを書くことで、自分たちで「何を」「どうするのか」を考える仕組みになっています。支店長は、あれやこれやと指示や命令を出すことは決してしません。

それでは具体的に、住宅ローンの肩代わりプロジェクトを例にしてご説明しましょう。これは支店全体でのプロジェクトで、複数のチームによる対抗戦です。この場合、まずは支店全体のデザイン・レシピを書きます（55ページ参照）。次に、各チームはリーダー・サブリーダーを選び、どう推進するのかをデザイン・レシピに書きます。

デザイン・レシピは、次の項目についてA４の用紙１枚に書き出していきます。ひとつのポイントは、楽しくできるように作戦名をつけることです。たとえば「３０１５作戦」などのように、お遊び感覚の名前をつけます。案外おもしろいアイデアが出てきます。作戦名は、みんなで多数決によって決めます。

デザイン・レシピに書く項目

①プロジェクト
　何のためのプロジェクトなのか
②目標
　具体的な件数や数字
③対象
　誰が参加するのか
④作戦名
　おもしろそうなネーミングをつける
⑤ねらい
　期待する効果は何か
⑥キャッチフレーズ

感覚的にあおるコピー
⑦キーワード
プロジェクトを推進するうえでのポイント
⑧リーダー・サブリーダー
プロジェクトのリーダーとサブリーダーをみんなで選ぶ
⑨具体策
どのように推進するのか
⑩見える化
進捗管理はどのように見える化するのか
⑪段取り
プロジェクト推進のスケジュール
⑫期間
実施する期間はいつまでか

これが「デザイン・レシピ」というわけです。この「デザイン・レシピ」にはいろいろな要素が全部入っています。見方を変えると、書いていないことはしなくてもいいということです。

「見える化」で楽しく進捗管理

ここからは、プロジェクトに一つのチームで取り組む場合の進め方をご説明します。「デザイン・レシピ」で、何をどう取り組むのかが決まったら、チームのメンバーは、ワークアウトの手法で課題を書き出し、解決方法を考え出します。メンバー6人が全員集まって、一斉に行います。たとえば15時半から30分間などと時間を決めて集まります。「時間内に6人もいっぺんに抜けて大丈夫なのか。ただでさえ残業ゼロなのに、プロジェクトまでできるのか」と危惧されるかもしれませんが、みんなで協力すればなんら問題はありません。そのためのチームワークです。「15時半からプロジェクトの委員会を開きたいのですが、いいでしょうか」などと聞いてくる職員はひとりもいません。なんでも時間内にするのが当たり前になっているからです。ワークアウトでやり方が決まったら、いよいよ実行です。

進捗管理は、チームごとに「見える化」で行います。「見える化」は、単純に進捗状況を表にすることではありません。ポイントは、「見てすぐにわかる」ことと「楽しくする」ことです。「見える化」の具体例をあげてみましょう。

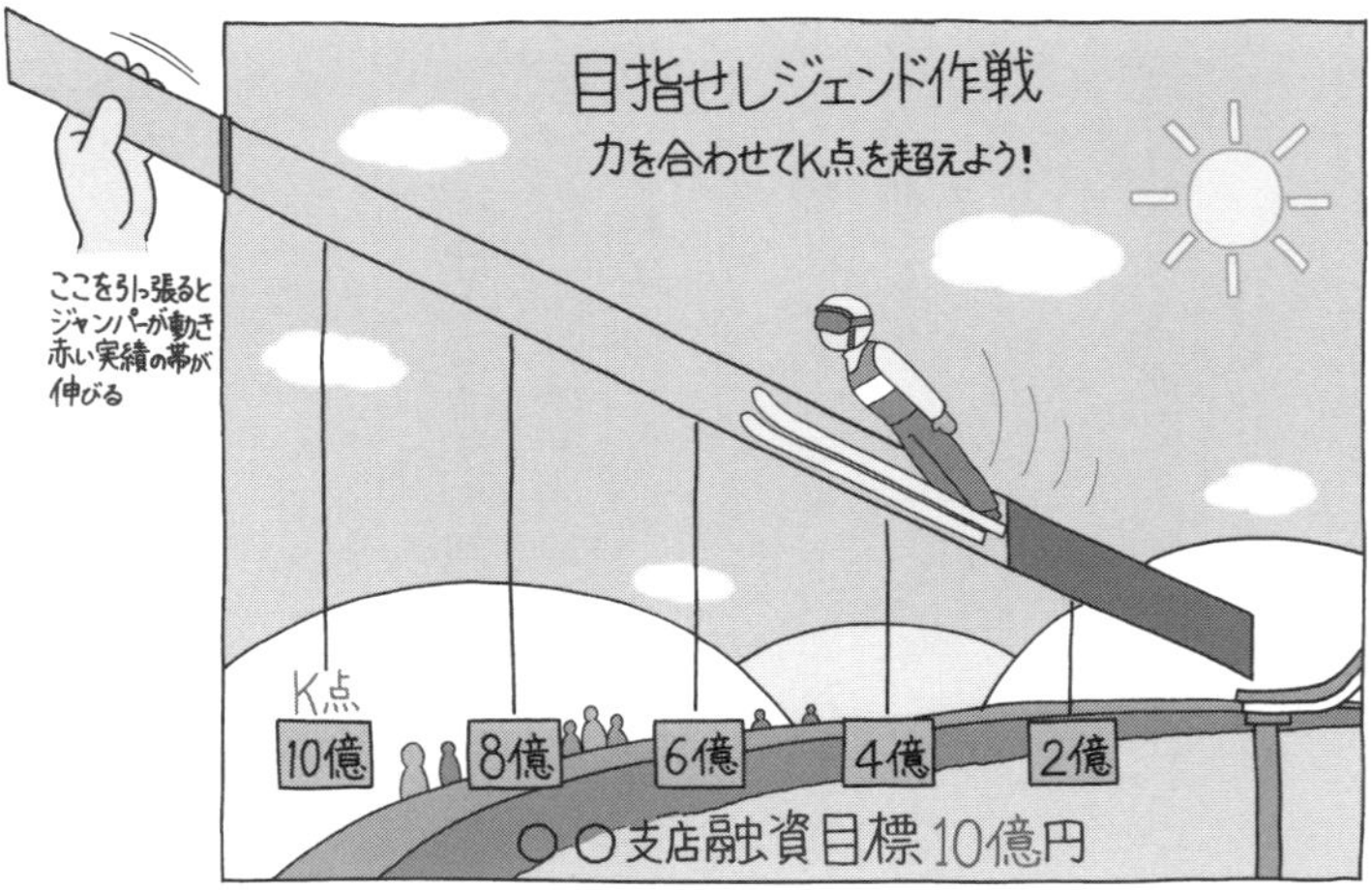

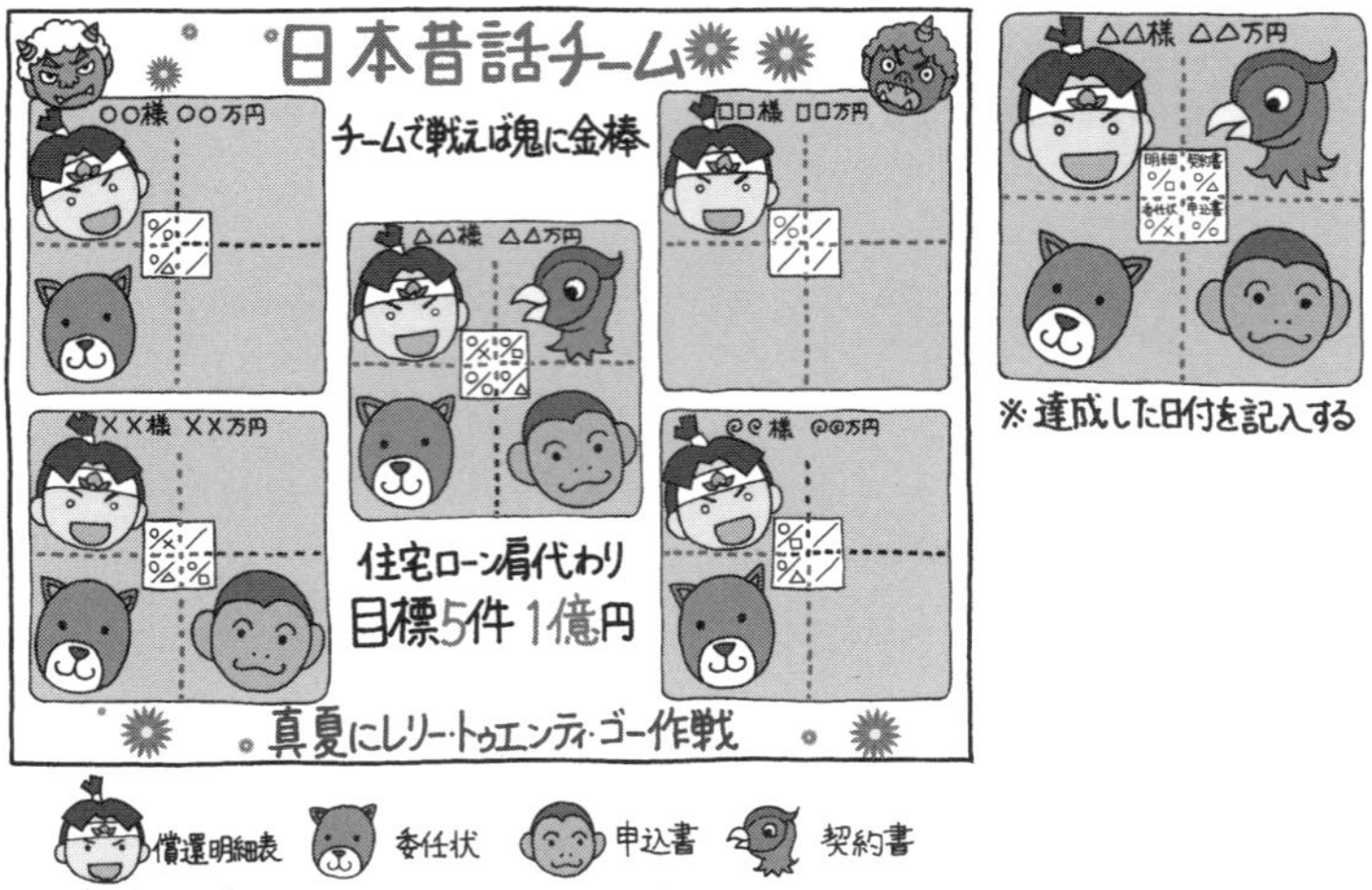

※達成した日付を記入する

達成した項目のアイテムシールを貼る。4人のチームができたら成約。

たとえば、運動会の玉入れをモチーフにした「見える化」をしたチームがありました。玉入れのかごがあって、その下に目標件数分の数の赤い玉が転がっています。案件を獲得したら、朝礼の時に、「昨日1件とりましたので」と赤い玉をかごの中に一つ入れます。地面にある赤い玉の数で、目標まであと何件あるのかがひと目でわかります。

モチーフは金魚鉢の金魚の塗り絵だったり、競馬のトラックだったり、クリスマスシーズンだったらクリスマスツリーの飾りだったり、さまざまです。

「見える化」の鍵を握るのは女性職員です。「見える化」の楽しいアイデアは、女性職員のほうが興味をもっていろいろ出してくれます。これは女性に活躍の場を提供することになり、女性職員にやる気になってもらうきっかけにもなります。

さて、チームによる競争ですから、優秀なチームには賞品を用意します。これも短期プロジェクトを楽しく盛り上げるための仕掛けです。楽しく仕事をしたほうが成果はあがります。職員からの要望で行っています。順位のつけ方や、どのような商品にするのかも職員に任せています。スイーツとか食事会とか、支店長のポケットマネーの範囲で商品を決めます。

個人競争はさせませんが、チームでの競い合いはチームワーク力が高まるのでさせています。

見える化で助け合い

今度は、融資課（事務）の「融資かんばんボード」を例にして、「見える化」の優れた点をもうひとつご説明しましょう。

支店では、毎朝、融資案件会議が開かれ、その日に取り上げる新規案件の数が決まります。そこに継続案件や延滞管理などを加えたものが、その日の融資課全員の仕事量となります。ただし必ず17時までに終わる仕事量を計画します。それを、融資課の内部で割り振り、各自の1日の仕事量を決めて、たとえば9時にスタートします。

「見える化」は、「融資かんばんボード」と呼ばれるもので行いました。みんなから見えるところに掲げられています。横軸に担当者の名前を入れ、縦軸にはその日にする仕事の件数だけ「看板」をぶら下げます。一つの仕事が終われば、その「看板」を下方の欄外に移します。「看板」のない仕事はしてはいけません。

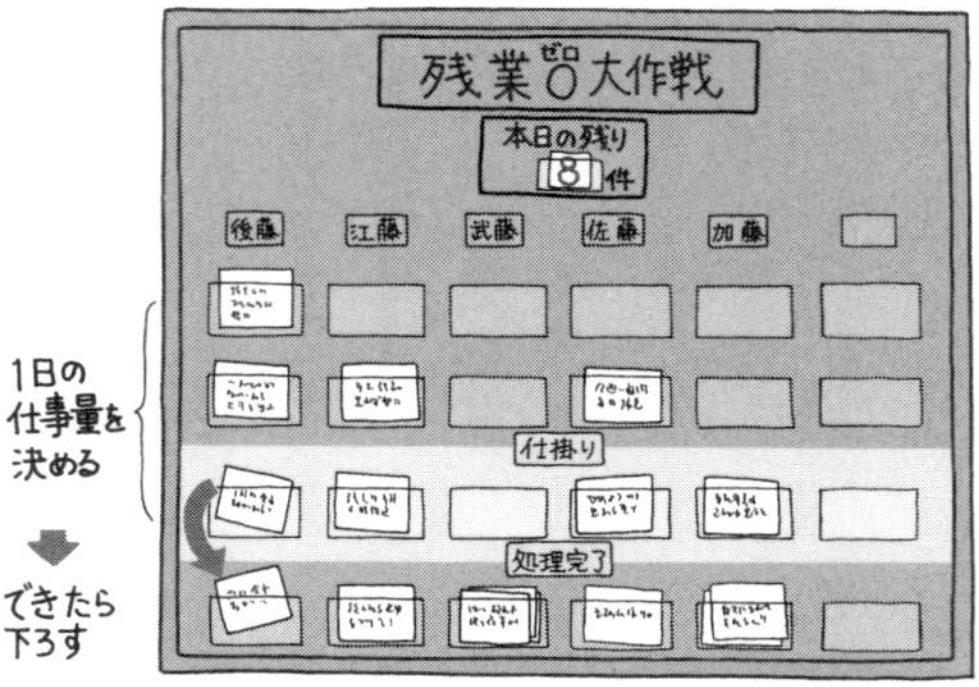

融資課係は、13時半と15時半に集まって進捗チェックをしていました。「今日、仕事が遅れている人はいない？」「いや、私、遅れていません」「私、実はこういうことがあって遅れています」「それじゃあ、誰か手伝える人はいる？」という会話が自然に行われます。特に問題がなければ、すぐに解散します。進捗チェックをしなければいけないルールになっているわけではありません。時間内に終わらせようと思ったら、それは自分たちにとって必要なことなのです。仕事というものは、「ひとりでするものではなく、チームとしてするもの」という意識が根付いたのは、「見える化」の成果だと思います。

人を動かす手段としては、指示や説明や命令などの言語で行うものが思い描かれますが、実は、最も人を動かす手段は「見える化」なのです。たとえば、火事が発生したとします。もし、火が出た瞬間、あなたが火元にいたらどうしますか。いちいち指示されなくても水をかけますよね。見えれば勝手に身体が動きます。このように「見える化」は、人の行動を引き出す力（行動のトリガー）があるのです。

言語によるコミュニケーションで伝えようと思ったら、その上手下手によって、伝わり方が異なり、相手の行動も変わってしまうことがあります。見えるようにすれば、言語によるコミュニケーションは不要になります。

最後に、「見える化」のエピソードをひとつご紹介しましょう。その人は、もともと部下のめんどうを見るようなタイプの職員ではありませんでした。あるとき、その人がすごく懇切丁寧に若い人を教えている姿を見て、私は不思議に思いました。私は、「どうしたのかね。失礼な言い方だけど、あなたは、そんなことをする人間じゃなかったよね」と尋ねたところ、「よくいいますよ。でも仕方ないじゃないですか。今年入ってまだ数カ月の若い子たちにも早く戦力になってもらわないと、残業ゼロにできないじゃないですか」というのです。「見える化」のボードが目に入るので、見るに見かねて行動したのでしょう。「見える化」はチームワークづくりにも絶大な力を発揮するのです。

ポイント11　チームワークのプロセス

デザイン・レシピ
↓
ワークアウト
↓
楽しく、見える化
↓
チームワークで目標達成

図表　デザイン・レシピ例

項目	内容
①プロジェクト	住宅ローンの肩代わり推進
②目標	償還明細表を 25 件預かる（20 件獲得 4 億円目標）
③対象	支店職員全員
④作戦名	真夏にレリー・トゥエンティ・ゴー！
⑤ねらい	自分の潜在能力を引き出す
⑥キャッチフレーズ	〝ありのまま〟のパワーを解き放て！
⑦キーワード	元気に明るく
⑧リーダー・ サブリーダー	○○アナ ○○雪
⑨具体策	❶チーム対抗で達成する 6 人 4 チームを組成 ・盆踊りチーム（メンバー～） ・いちごのかき氷チーム（メンバー～） ・カブト虫チーム（メンバー～） ・日焼けチーム（メンバー～） ❷ローラー対象エリア分け ・盆踊りチーム…○○地区 50 戸 ・いちごのかき氷チーム…△△地区 47 戸 ・カブト虫チーム…□□地区 48 戸 ・日焼けチーム…◇◇地区 52 戸 ❸目標数字（金額と件数）はチームで決定する ❹セールストークをロールプレーイングで徹底習得する ※絶対お願いセールスはしない。お得な情報提供に徹する ❺訪問時間は 9 時から、12 時から、15 時からの 3 パターン ❻チラシを用意する ❼ 1 位のチームにはスイーツが御褒美として贈られる（支店長のポケットマネーの範囲）
⑩見える化	・償還明細表を獲得したら、そのチームの地域マップに家のイラストを 1 つ貼る ・肩代わりが成功したらその家のイラストに旗を立てる
⑪段取り	・チラシの作成…○日まで ・見える化…支店全体の見える化は○日まで、各チームのデザイン・レシピと見える化は□日までに作成 ・チームの目標数字提出期限は△日まで ・作戦スタートは◇日！
⑫期間	平成 27 年 8 月○日～ 8 月□日まで 5 日間

COLUMN

「見える化」に魅せられる

金融機関の職員は、名刺一枚で、地元の優良企業の経営者や、文化人・著名人などと会うことができます。これは金融機関で働く者の大きな役得ともいえます。なぜなら、お会いする人は、すべて人生の大先輩であり、話す内容がとにかくおもしろく、成長の糧となるからです。そんな訳もあって、私は支店長として赴任するたびに、その地域のナンバーワン企業を必ず訪問するようにしていました。もちろん、すべて取引につながったわけではありませんが、私にとっては、貴重な体験になりました。

そのなかにトヨタ自動車もありました。トヨタさんは、さすがに取引を目的に訪問したわけではありません。名実ともに日本一の大企業ですから、何か学べるものがあるだろうという軽い気持ちからの訪問でした。その読みは大当たりでした。私は、トヨタ自動車の誇る生産方式であるＴＰＳ（トヨタ生産方式）を教えていただいたのです。

なかでも興味をもったのは、「必要なものを必要な時に必要なだけ」という「在庫ゼロ」と「見える化」の二つです。一つ目の在庫ゼロは、金融機関にとって何に当たるのか、一生懸命考えた結果、いきついた答えは「通帳預かりゼロ」と「集金遅れゼロ」。私は、直感的に「これはいける」と感じました。

早速、渉外係に「通帳預かりゼロ」運動をすると宣言したのですが、全員から「そんなことできるわけがない」「聞いたこともない」「無謀だ」と反対されてしまいました。しかし、できないと思うことができれば、職員のなかに「本当にできるんだ」「やってみるもんだな」という意識が芽生え、チャレンジ精神が湧いてきます。ここまで反対されたということは、逆に取り組む価値が高いといえます。私は、あらん限りの知恵を絞り、あの手この手を使い、ついには実現させせました。

二つ目の「見える化」についてですが、こちらはすんなり受け入れられました。取り組んでみてわかったのは、❶見えなければ仕事の現状や抱えている問題点がわからないこと、❷見えれば手を打てること、❸方針や目標や情報が見えるようになると、一人ひとりが支店の運営に自主的に参加するようになって、支店全体に緊張感と活気がみなぎってくること、でした。

「見える化」は、当初、渉外業務だけでスタートしましたが、すぐに預金課からも「私たちも見える化をしたい」という申出があり、やがて支店全体に「見える化」が広がっていきました。この自発的な行動がうれしかったのは、いうまでもありません。

女性職員は「見える化」の作業が楽しかったようです。おもしろいアイデアをたくさん出してくれました。彼女たちがつくった「見える化」の作品たちが、支店の職員をどれほど明るく励ましてくれたかわかりません。「見える化」は、単にわかりやすい進捗管理というだけにとどまらず、職員のコミュニケーションにもいい影響を与えてくれたのです。こうして私は「見える化」の力に、ますます魅せられていったのです。

Q8 チームのなかに、やる気のない人や反発する人がいる場合はどうするのか？

A8 やる気のない人にこそ、チームリーダーになってもらう。

いじけた野心家

やる気がなかったり、なんでも反発したりする人は、どんな組織にも必ずいます。そのような人には、一度きちんと理由を聞いてあげる機会をつくる必要があります。私の経験でいうと、その理由の一番は「自分はこんなにやっているのに認めてもらえなかった」「上司に理解してもらえない」というものです。

裏を返せば、「上司に認めてもらいたい」「自分に注目してほしい」という気持ちが強くあるということです。決して、できないからやる気にならないのでも、反発するのでもありません。最初あったやる気がなくなってしまっただけなのです。

私は、そういう人たちを「いじけた野心家」と呼んでいます。本当は、人一倍やる気があるにもかかわらず、人の足を引っ張ったり、ネガティブなことをいったり、そういう屈折したかたちでしか表すことができないでいるのです。もし、本当にその職場がイヤだったら、とっくに辞めています。

ですから、私は、そういう人にこそ、チームリーダーになってもらいたいと考えています。実際、そういう人にリーダーになってもらって失敗したことがありません。

誰もがリーダーになる風土

しかし、いくら支店長が「いじけてしまった人にこそ、リーダーになってもらいたい」と考えていても、チームの自主性を重んじているので、支店長が「あなたがチームリーダーになりなさい」と指名することはできません。ではどうしたらいいのでしょうか。

チームは、プロジェクトが立ち上がるたびにつくられます。同時に複数立ち上がっていることもよくあります。当然、職員は複数のプロジェクトチームのメンバーとなります。チームをかけもちすることはマイナスではなく、プラスに作用します。お互いに助け合うようになるからです。「あちらのプロジェクトではリーダーを引き受けてもらったから、こちらのプロジェクトでは自分がリーダーにならないと」という助け合いの意識が働くのです。また、メンバーもいいかげんなことをしていると、自分がリーダーになった時に誰も協力してくれなくなるから真剣です。

リーダーは、メンバーで話し合って決めます。私の支店では、誰でも、いずれ、チームリーダーにならざるをえなくなります。代わる代わるリーダーになる風土ができているからです。当然、やる気のない人も、反発ばかりする人も、「いつかは自分もリーダーにならなければいけない」ことを自覚しています。

チームからの反発

そうはいっても、いじけていますので、メンバーにはなっても、「リーダーになりますよ」とはいってくれません。そこで、チームのメンバーに「今度はあの人にリーダーになってもらったらいいんじゃない？」などと水を向けてみます。支店長からの命令というかたちではなく、チームのメンバーがその人を指名するようにもっていくのです。伝え方には神経を使います。

しかし、いままで人の足を引っ張り、ネガティブなことばかりいっていた人です。ほかの職員から嫌われていることが多く、すんなりと「それはいいですね」という反応は期待できません。たいがい「えっ、あの人で大丈夫ですか」という反応が返ってきます。それでも、「もし何かあれば対処するので、1回やらせてみてくれないか」とやんわりと推して、なんとかその人をリーダーに指名してもらいます。

では、実際にそういう人にリーダーになってもらって、どうなったかというと、ほとんど生き返りました。水を得た魚のごとくリーダーシップをとっていくようになる人もいます。少なくとも人の足を引っ張ったり、ネガティブなことをいったりすることはなくなります。いろいろな面で協力的になります。他人が困っていれば、「何か手伝おうか」と自分から言い出す場面を、何度も見かけました。顔色や表情、行動などが目に見えて変わってきます。まるで人が変わったようになるから、人というものはおもしろいものです。

余談ですが、入行して半年くらいでリーダーを任された人がいました。そんな人にできるのかと危ぶみましたが、メンバーが協力して、助け合い、盛り上げた結果、かえっていいチームができたこともあります。ぐいぐい引っ張っていく人より、「おいおい、この人で大丈夫か」と不安になるくらいの人のほうが、うまくいくこともあるのです。

ポイント12　やる気のない人もリーダーになる背景

要因１　プロジェクトが複数立ち上がっている
要因２　助け合いの意識が働き、交代でリーダーになっている実態
要因３　いつかはリーダーにならなければいけない暗黙のルール
要因４　自分だけがリーダーをしないわけにはいかない雰囲気

Q9 個々の能力はどうやって高めていくのか？

A9 多能工になってもらう。

見える化で多能工を推進

職員の個々の能力を高めていく方法として、大きく分けて三つのやり方があります。まず一つ目として、自由参加の勉強会を週1回1時間実施します。支店長自らが、顧客との話題になるような時事ネタや、仕事上の問題点などを一つ取り上げて意見交換します。

二つ目は多能工化を進める。多能工化というのはトヨタ生産方式の一つで、製造業では当たり前ですが、1人の人が一つの仕事ではなく、三つ、四つ、五つとできることをふやしていくというものです。多能工化によって、すべての業務において、特定の人にしかできない状態をなくし、最低でも3、4人が代わりにできる態勢をつくっていきます。

たとえば預金担当の人は、口座開設、入出金、振込み、税金の支払い、定期預金、預り資産の取扱いといったように、その課のなかの仕事をたくさんできるようにして

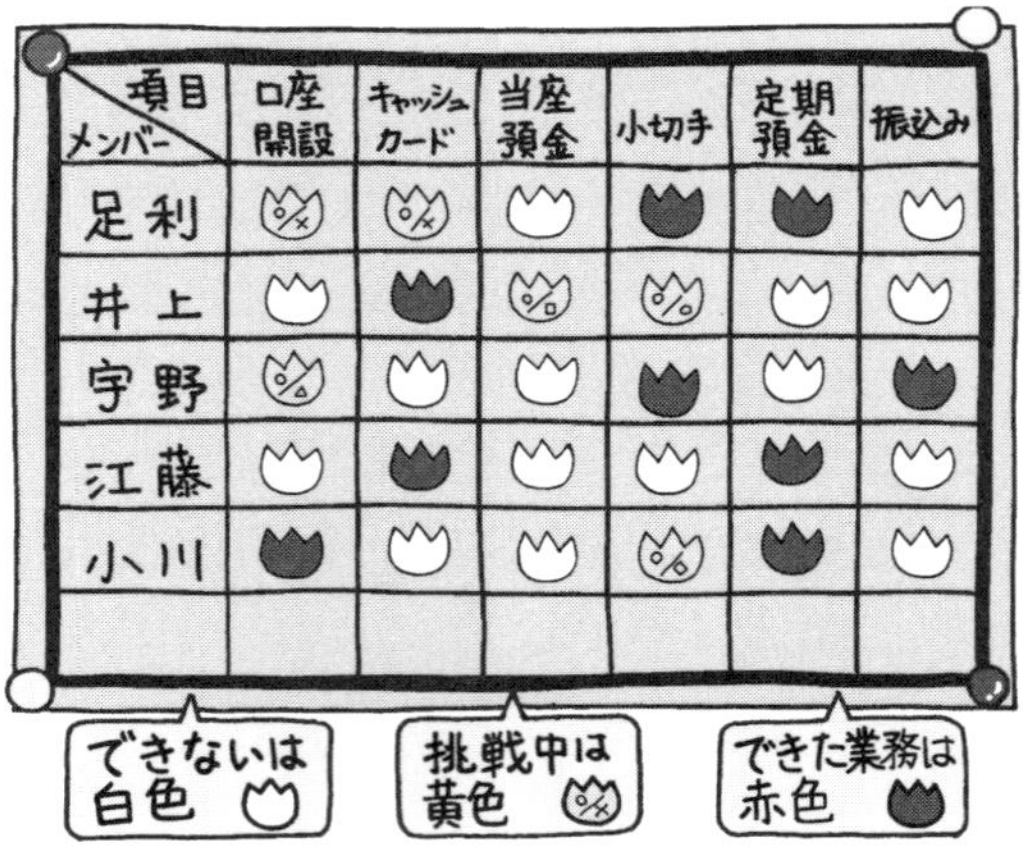
項目
メンバー
口座開設
キャッシュカード
当座預金
小切手
定期預金
振込み
足利
井上
宇野
江藤
小川
できないは白色
挑戦中は黄色
できた業務は赤色

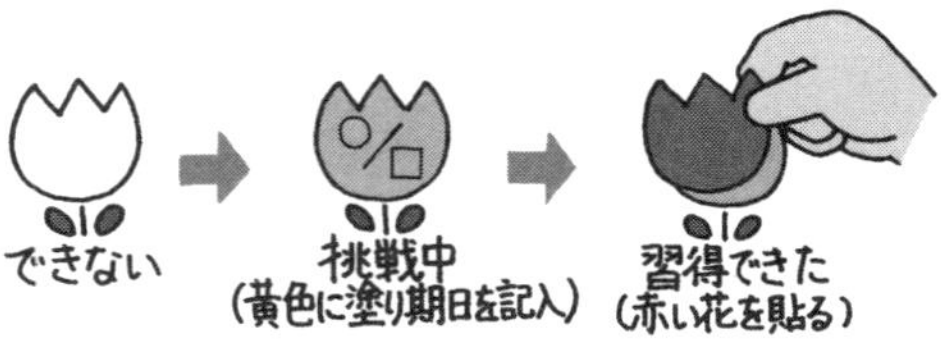
できない
挑戦中
（黄色に塗り期日を記入）
習得できた
（赤い花を貼る）

いきます。特に若い人は何でも1回は経験してもらい、それで1年たったら融資課（事務）に移る、といった具合です。なるべく、1年以上同じ仕事をしないようにします。

職員を多能工化するためには具体的にどうするのかというと、星取り表をつくります。縦軸に職員の名前、横軸に業務名を並べ、自分ができるようになった仕事の欄にたとえばマルをつけるというもので、みんなの見えるところに貼っておきます。要するに、能力の「見える化」を行うのです。

見える化のよいところは、「できない仕事」が一目瞭然になることです。星取り表で、自分はどこが弱いのかを目で見てわかるようになると、一つでもマルをふやしたいというのが人情です。また、できる人がいない業務があることが見えれば、「じゃあ私がやりましょう」と手があがるわけです。やる気のある人は自分の能力がふえていくのを喜ぶ傾向がありますし、あまりない人でも、見える化によって、一つや二つは覚えてみようかなという気になります。

成長する喜びにこたえる仕組み

そういうわけで、多能工化は、実際やってみると、職員に抵抗感はほとんどありませんでした。これは根底に人間の根本的な欲求である「成長する喜び」にこたえてあげることになっているからだと思います。

ある職員が「いままでは会社に行っても決められた仕事をしているだけで、それについて深く考えることもありませんでした。しかしいまは、会社や支店は仕事をする場だけではなく、学び、考え、成長する場だと思うようになりました」と話してくれたことがありました。この話にある、成長する場だと思える「ムード」がとても大事なのです。ただ単にきちんと仕事をこなしているだけではモチベーションはなかなか上がりません。

そして三つ目はチームワークによる刺激です。チームで行動すると、自然と教え合ったり、刺激し合ったりします。そうすることで、人は人によって磨かれ、能力を伸ばしていくというわけです。この三つが個々の能力向上のための大きな柱になります。

ポイント13　個人の能力を高める仕組み

①自主勉強会への参加
②多能工化の取組み
③仕事はチームワークで行う

COLUMN

トヨタ生産方式を支店経営に導入

「トヨタ生産方式（ＴＰＳ）を教えてほしいとお聞きしましたが、どういうことでしょうか。トヨタは車をつくっているモノづくりの会社ですから、畑違いの金融機関の支店長さんにお教えすることはないと思うのですが」

私が豊田市内の支店に赴任してまもなく、トヨタ生産方式を支店経営に取り入れたいので、その方式を教えてもらいにトヨタの本社に出向いた時のやりとりです。トヨタさんにとって、金融機関の人間から「ＴＰＳのことを知りたい」といわれたことは、驚きを通り越し、不思議だったようでした。

私は、「畑違いは重々承知しておりますが『できないという前に、まずやってみろ』という豊田佐吉翁の言葉に励まされて、勉強させてもらいにお伺いしました」と粘りました。せっかく、豊田市内の支店に配属されたのですから、世界のトヨタをベンチマークにできる絶好の機会を逃すわけには絶対にいかなかったのです。

粘ったかいがありました。導入した成果は予想以上だったのです。まず、目標を達成するために最初に導入したのは、TPSの二本柱の一つ、自動化の柱である「見える化」でした。具体的には、車製造の四つの工程を参考にして、住宅ローンの獲得手順を標準化し、四つの工程に分け、競馬に見立てて「見える化」を図りました。なお、この競馬に見立てた掲示板は、渉外係全員が考え、つくったものです。

導入の際には、支店の全員がトヨタ生産方式（TPS）を理解・協力することが前提になるため、全員を3班に分けて工場見学（約4時間）をさせてもらいました。さらにトヨタさんには無理をいって、見学の後に時間を割いてもらって、TPSの概略をレクチャーしていただいたり、質問にも答えていただいたりしました。このときの体験は、後々、支店職員の大きな財産になったことはいうまでもありません。トヨタウエイでいう「現地現物」の実践の第一歩です。

次に手がけたのは、現場職員による自発的な改善「カイゼン」です。「カイゼン」といっても本家を100とすれば、1程度のもので、誠に幼稚で、見よう見まねのスタートでした。

それは「かんばん」と「見える化」を組み合わせたもので、仕事の内容をオープンにし、お互いがどのような仕事をしているのかを明らかにすることがスタート当初のねらいでした。

しかし、実際の効果はとても大きなものでした。融資課の残業時間が大幅に削減できたのです。1カ月に数十時間だったものが、わずか数時間となったのですから率でいえば70～80%の削減効果です。もちろん「かんばん」と「見える化」という道具があれば、誰にでもできるというものではありません。融資課全員の意気込みと創意工夫があったからこそ達成できたものです。こうして「残業ゼロ」への取組みが始まったのです。

少しご説明しましょう。まず1日の仕事量を決め、仕事ごとに「かんばん」（カード）をつくり、本日の「未完了欄」につるします。仕事が終わったら、その「かんばん」を下の「完了欄」に移動させ

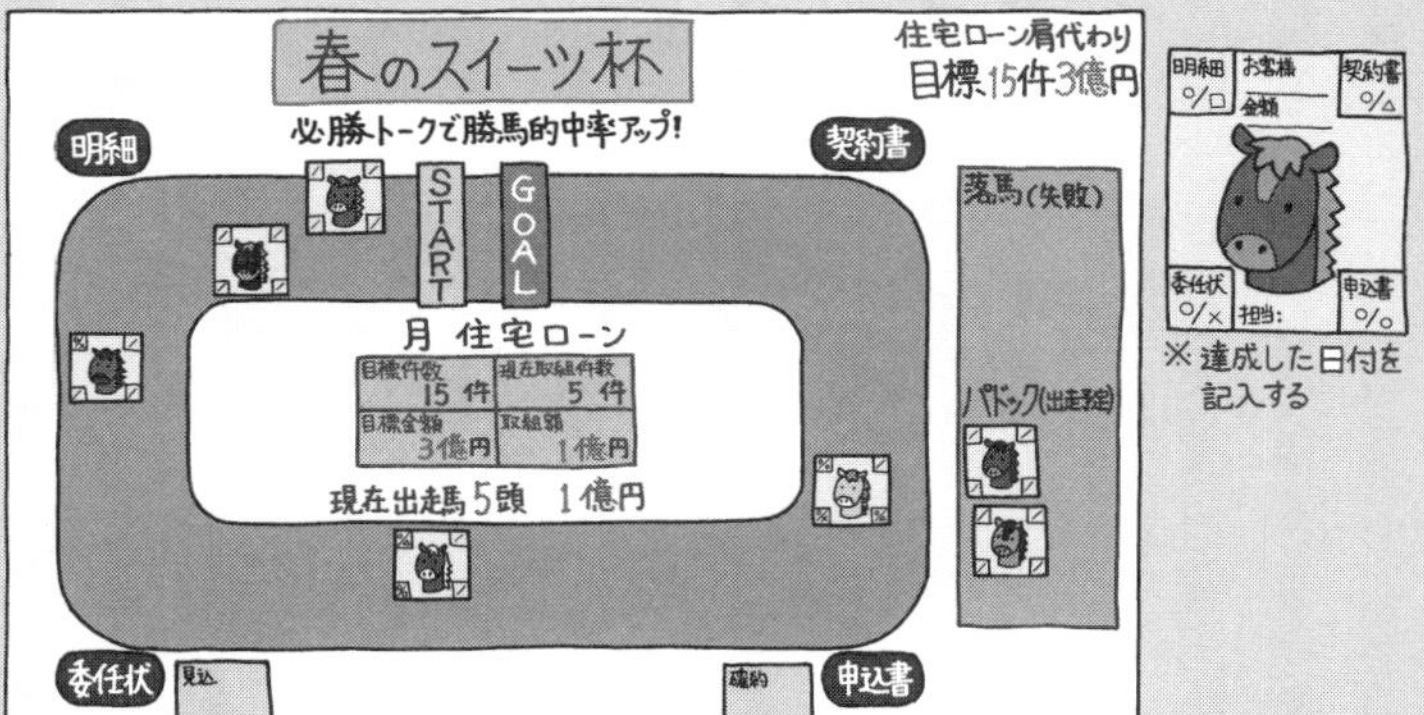

進捗状況に応じて馬の位置を貼り替える

ます。こうすれば、一目で、1日の仕事量（「かんばん」の数）と進捗状況（未完了欄にある数）がわかります。掲示板には、10種類弱の「かんばん」が使用されており、その案件が本部にあるのか、保証協会にあるのかなど、どの段階にあるのかが、渉外係だけではなく、他の部署やパート職員にもわかるようになっていました。」

自分たちで決めた運用ルールは、❶「かんばん」のない仕事はしない、❷必要に応じてチームで集まって助け合う、です。

この「かんばん」と「見える化」を使った「カイゼン」は、自己査定においても効果てきめんでした。前回時と比較すると日数、時間が60～70％「カイゼン」されたのです。

次に取り組んだのは、ジャスト・イン・タイムの思想に基づく「在庫ゼロ」でした。金融機関の支店経営

図表「車の製造を参考にした住宅ローンの四つの工程管理」

	第1工程	第2工程	第3工程	第4工程
車製造の四つの工程	プレス	溶接	塗装	組立
住宅ローンの四つの工程	償還明細表	委任状	申込書	契約書
標準化の考え	形をつくる	加工する	形を決める	ゴール

における在庫ゼロとは、たとえば渉外でいうと、❶通帳預かりのゼロ、❷定期積金等の集金残しのゼロ、です。私は、この二つから始めました。しかし、当初、渉外係の抵抗は予想以上でした。「そんなことできるわけがない」という先入観に縛られていたのです。これに関してもトヨタ流の「5なぜ」を取り入れて、なんとか打破することができました。その際、渉外係と繰り返し確認したことがありました。それは、「通帳預かりや集金をゼロにするのは手段であって目的ではない」「本来の目的は、渉外としての目標完遂」です。「在庫ゼロ」に取り組んだ結果、渉外係は、通帳を記入することも、毎朝通帳を配る手間もなくなりました。本来の渉外活動に専念できるようになったのです。これも業績が上がったひとつの要因といえます。

トヨタ生産方式（TPS）の一端を実践して学んだことは、「現地現物」主義に基づく、徹底した実践主義で

図表　住宅ローンのTPS導入以前と導入後の比較

	導入以前	導入後
獲得方法	各自がそれぞれ独自の方法で、推進していた	四つの工程に分け→標準化し→流れをつくった
目標管理	・管理資料（紙ベース） ・口頭で個々にやりとり	・紙ベースは廃止 ・全員で「目で見る管理」
セールストーク	・その場限りで対応	・30秒で見込み先が判定できる

した。「誰でも考えることは同じ、考えたことをどこまでやるか」です。トヨタ生産方式は、金融機関の支店経営にも違和感なく応用ができ、むしろ相性がよいと感じました。相性がよいと思われる理由は、①車も貸出も両方とも受注生産であるということ（恥ずかしい話ですが、TPSが受注生産であることは工場見学をするまで知らなかった）、②金融サービス業は、TPSのジャスト・イン・タイムと同じく、「在庫ゼロ」が基本であることです。この二つの共通点に気づいたことで、私はTPSの導入に踏み切ったのです。

TPSで学んだことがもうひとつあります。それは、TPSが人を大事にし、モチベーションを高めるシステムであるということです。トヨタの人とお会いするたびに「トヨタの強さは何ですか」とお聞きしたところ、大半の人は「職場内のコミュニケーションの強さです」と即答しました。

TPSは、みんなで考え、行動し、解決する、つまりチームワークが前提となっています。チームワークは、職員のモチベーションを高め、人を育てます。つまりTPSは、一人ひとりが主役の、やりがいがある職場づくりにつながるのだと思います。職場の業績は、その職場を愛する人の数で決まるのです。

Q10 個人のモチベーションにはどうこたえるのか、信賞必罰はどうするのか？

A10 個人表彰はしないが「褒めカード」による職員同士の表彰はする。

チームがモチベーションを高める

支店方針にもあるように、仕事はチームでするものと決めています。だから、私は個人表彰をいっさいしません。それでは、どうやって職員のモチベーションを上げるのでしょうか。この話をこれからいたしましょう。

論語に、「これを知る者はこれを好む者に如《し》かず、これを好む者はこれを楽しむ者に如《し》かず」（これを知らない者は知っている人には勝てなくて、知っている人は楽しんでやっている人にはかなわない）という一節があります。仕事も楽しんでする人にはかないません。モチベーションを上げるポイントはここにあります。いかにして仕事を楽しくするかです。

何事もひとりよりチームなど大勢でするほうが楽しいものです。たとえつらい仕事であっても、チームなら助け合ったり、励まし合ったりすることで楽しくでき、最後に大きな達成感も得られます。楽しく仕事をすること、つまりチームで仕事をすることで、職員のモチベーションは高まるのです。

個人のモチベーションはチームによるものに比例

モチベーションには、個人によるものと、チームによるものがあります。金融機関では、これまで個人のモチベーションを上げることに注力してきたように思います。チームとしてのモチベーションについては、課題にもされません。現に、コンサルティングをしているなかで「渉外係の個人の能力を高めてほしい」とか「お客さまから信頼されてニーズを引き出せるようにしてほしい」という研修の依頼はよくありますが、「支店全体のモチベーションをアップさせてほしい」という要望はまずありません。おそらく、チームによるモチベーションが重要であることに気がついていないのではないでしょうか。その原因は、「組織なんてものは、命令すればやるものだ」という考え方が根底にあるからだと思います。

個人表彰をやめたことで職員はどう変わったのか、若手職員数人に聞いたことがあります。返ってきた答えは、「いままで自分の成績を上げるためや、上司から怒られないためにがんばってきました。しかし、チームや支店の仲間が喜ぶためにがんばるほうが楽しいし、そのほうがモチベーションが上がるような気がします」というものでした。チーム制にして、チームで楽しく仕事をしてモチベーションが上がれば、それにつれて個人のモチベーションも上がることがわかりました。

支店には、野球でいうならピッチャーで四番バッターというスター職員もいます。しかし、相手があることなので毎月コンスタントに成績を出せるわけではありません。では、その人はどうするかというと、たとえば、その人の今月の目標が10だったとして15できたら、今月は10だけあげて残りの5は来月に回そうとするでしょう。頭のいい人ならそうします。ところが、チーム制にすると、全体の目標を達成するために、15あげざるをえなくなります。チームが困っているのに、自分だけ数字を隠しておくわけにはいかないからです。結局、その人は来月もがんばることになります。このように、チーム制はモチベーションを高め、伸びる人はさらに伸びるようになるのです。

最初は外から、後は内から

モチベーションをアップさせるための動機づけには、達成感や成長欲や自己実現など心の内側から生まれる「内発的動機づけ」と、上司などからの報酬や叱責《しっせき》など外側からの刺激による「外発的動機づけ」があります。内発的動機づけは、誰かにいわれてするのではなく、自発的にしたいからするものです。外発的動機づけを内発的動機づけにどうつなげていくのかが勘所です。たとえば、英会話が苦手で勉強する気にならないとします。上司が近くのスクールに行くように命令（外発的動機づけ）したので、嫌々行き始めたところ、話せるようになるにつれてもっとうまく話せるようになりたいと思う（内発的動機づけ）ようになり、別のスクールにも通うことにした、というようなパターンです。

私が掲げる「残業ゼロで目標200％達成」という方針は、支店長が与えた外発的動機づけです。この外発的動機づけを、内発的動機づけにつなげるためには仕掛けが必要です。それがチーム制です。はじめは支店長の方針からくる動機づけですが、チームで取り組むうちに、達成感や成長欲や自己実現などが得られ、内発的動機づけが行われ、強いモチベーションのもと自発的に仕事に取り組むようになります。こうして目標200％は達成できるようになるのです。

組織横断的なチームで横串を通す

それでは、モチベーションの上がるチームづくりについて具体的に説明しましょう。基本的に、支店の組織全体を横断するようなチームにします。

たとえば、住宅ローンの肩代わり、年金口座獲得、事業所融資の肩代わりなどの件数や金額をチームで競い合います。緊張感は長期間持続しませんので、1カ月か2カ月くらいの期間でまた違うチームに組み直します。基本的には性別・年齢・課もバラバラの異集団をつくりあげますが、たまにお遊びとして50代・40代・30代など年齢別チームなどにしてみるのもマンネリ化防止策になります。

チームは、預金担当や融資課（事務）担当や外為担当や渉外担当など多彩なメンバーになります。こうした混成チームで競い合います。部署ごとにチームをつくることは絶対にしません。それでは意味がないからです。

混成チームにした当初は、たとえば「窓口の私たちにお客さまのところを回って案件をとってこいというのですか」などといい出します。私はそのたびに「嫌々、案件をとるだけが仕事じゃないよ。たとえば資料作りを手伝うとか、いろいろあるでしょ」と説明します。

あるとき、20代後半の女性職員が二人でやってきて「支店長、協力しろとおっしゃいますが、私たちは融資のことなんかわからないし、どう協力すればいいのかわかりません」と訴えました。私は「どうしたらいいかって？　私は支店長だけどチームのことは私が口を出すことではないから、自分たちで考えてやってみてくれ」と突き放しました。

その後、ようすを見ていると、女性職員は、朝、外回りにお茶とおしぼりを出して

「がんばってください」と激励していました。外回りから帰ってくると、おにぎりとおみそ汁を出して「お疲れさまでした」とねぎらっています。どうしたのか聞いてみると、「こういうことくらいしか協力できないから」といいました。こうした貢献は、モチベーションに影響しますので、その女性がお客さまを回って1件とってきてくれるより、チームにとっては大きなプラスになるかもしれません。こうしたチームワークが内発的動機づけを生むのです。

どうやって個人を褒めるのか

冒頭で「個人表彰はしない」と話しましたが、それは昇進昇格の場合も同様です。私の支店は、残業ゼロで目標200%達成つまり優績店ですから、何年も出世が遅れている人たちを昇格させていくことになります。しかし、残念ながら全員がいっぺんに昇格できるわけではなく、来期に回される人もいます。

人事に関しては通達が出ますので、みんなが知ることになります。私は朝礼などで「誰々さんが昇格しました」という発表はしません。もちろん個人的には「これからもまた頼むぞ」とはいいますが、昇格のお祝い会をしたり、大喜びしたりすることは控えます。むしろ昇格した人には、「努力をして成果をあげたから昇格したけれど、そうならなかった人も残念ながらいるので、気をつかってもらいたい。昇格したことはうれしいだろうけど、うれしいそぶりは今日限りにしてくれ」といいました。それほどチームワークを大切にしたいのです。

個人表彰はしませんが、近いものとしては「褒めカード」があります。小さな紙のカードです。褒める理由をそのカードに書いて、褒めたい人にあげます。原本のフォーマットを各自コピーして使います。

たとえば「トイレ掃除を毎日やってくれている」「お客さまとトラブルになったときに、横から助けてくれた」「いつもよく話を聞いてくれた」「ショックなことがあったときになぐさめてくれた」など、褒める内容はどんなことでもかまいません。

それを毎月集計して、カードをもらった枚数順に1位から3位まで順位をつけました。1位から3位までには賞金が出ます。原資は私のポケットマネーの1万円です。1位が5000円、2位が3000円、3位が2000円です。職員同士の褒め合い運動です。個人表彰のように見えますが、褒める基準は私が決めるわけではありません。たくさんカードが集まった人が優勝となりますので、職員による職員のための選挙のようなものです。

やってみると、たくさんカードをもらえる人と、もらえない人が出ます。仕事ができるのにカードを1枚ももらえない女性がいました。気になって話を聞いてみたところ、「私は両親から『他人よりも上に立て』といわれて育てられましたので、人のいいところを見つけるということを教わったことがありません。だから、いいところを見つけろといわれても、違和感がすごくあってできないんです」というのです。

それで気づいたのですが、「褒めカード」は自分が出した分だけ戻ってくるようです。10枚他人を褒めたら、10枚褒め返してもらえる、これは返報性の法則（原理）です。いちばんたくさん他人を褒めた人が、いちばんたくさん褒められ、表彰されます。

「褒めカード」を始めた理由は、支店内のコミュニケーション不足でした。「互いに助けあってくれ」とか「コミュニケーションをとりなさい」とかけ声だけかけても、「笛吹けども踊らず」になります。コミュニケーションの根っこにあるのは、相手に心からの関心をもっているかどうかです。関心がないのに話しかけることはありません。そこで話をする仕掛けをつくったのです。

褒め合うためには、相手に関心をもって、よく見る必要があります。そこが「褒めカード」のねらいです。それを、おもしろく、楽しくできるようにゲームにしたのです。

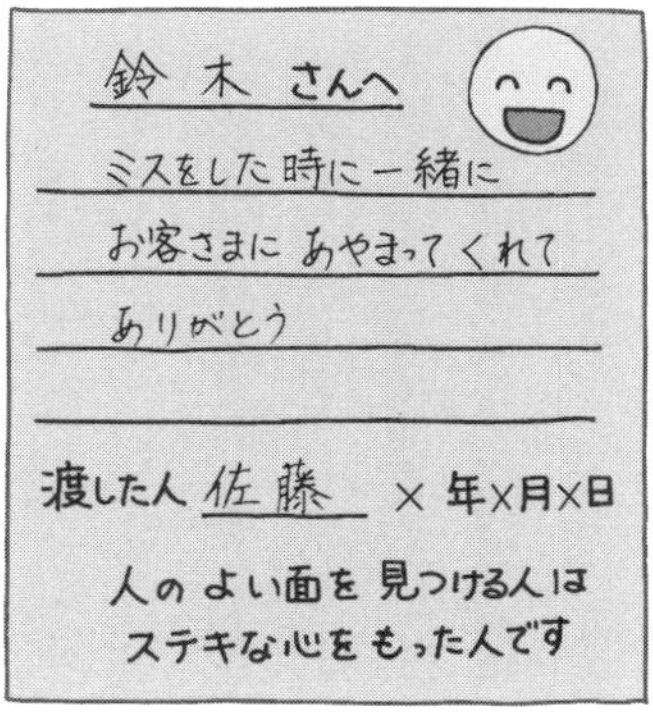
鈴木 さんへ
ミスをした時に一緒に
お客さまに あやまってくれて
ありがとう
渡した人 佐藤 ×年×月×日
人のよい面を見つける人は
ステキな心をもった人です

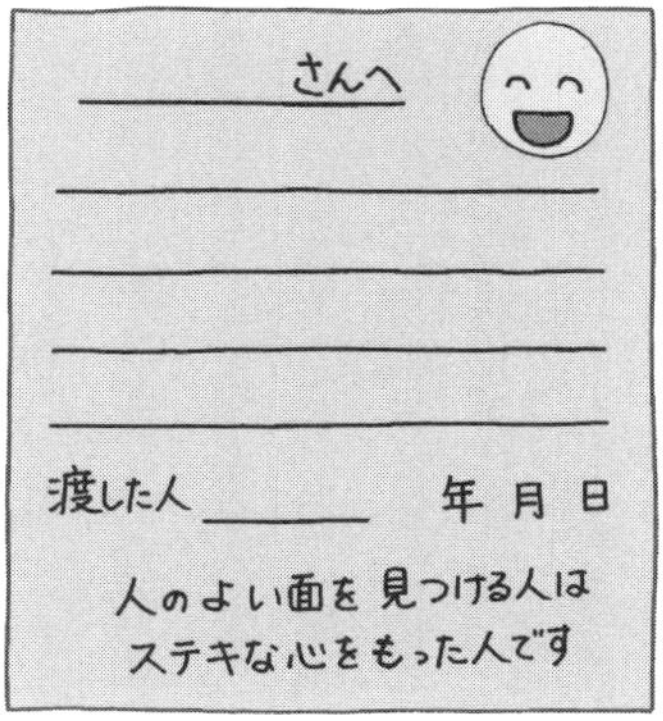
さんへ
渡した人 年 月 日
人のよい面を見つける人は
ステキな心をもった人です

ポイント14　内発的動機づけのプロセス

①認知的動機づけで外発的動機づけをする

←②チームワークで内発的動機づけを生む

←③高いモチベーションで目標200%を達成する

Q11 付き合いを嫌う世代がふえているなか、どうやってコミュニケーションをよくして団結力を高めればいいのか？

A11 話をしてもらうためには、それなりの工夫と仕組みが必要だ。

「残業ゼロで目標200％達成」という高い目標に立ち向かうためには、支店が一丸となることが前提となります。コミュニケーションが大事です。支店長と職員間のコミュニケーション、職員同士の横と斜めのコミュニケーションをとらざるをえないような仕組みをつくります。

職員同士のコミュニケーションを促進する最も効果的な仕組みは、プロジェクトチームでの活動です。そのほかには食事会や朝礼の3分間スピーチなどがあります。

支店長と職員とのコミュニケーションの仕組みとしては、感謝レター、隔月の対話、はがき作戦、支店長前のイスなどがあります。プロジェクトについてはすでにお話ししましたので、ここではそれ以外のものをご説明しましょう。

スイーツが笑顔をつくる

私の支店では、短期的なプロジェクトチームをいくつも動かしていますので、それが終わったときに、もしくはうまくいったときに食事会を開きます。目標達成のお祝い会です。強制参加ではありませんが、支店の全員が参加します。費用は支店の経費から出しました。

食事会は、「プロジェクトが終わったので一杯いくぞ。何を食べるのか、店をどうするのかは、あなたとあなたで決めてください」というように私が声をかけました。しかし、私が動くのはそこまでです。あとは職員が考えます。あくまでも職員による職員のための食事会です。だいたい2、3カ月に1回くらいはしていたでしょうか。

食事会は、業務後に出かける飲み会だけではありません。スイーツを買ってきて、みんなで食べることも多くありました。支店の近くにある有名なケーキ屋さんだったり、東京の有名店から取り寄せたりもしました。何にするのかは女性職員に決めてもらいました。

スイーツは、業務時間内に支店で食べます。最初は、仕事の合間に食べることに抵抗感があったようです。しかし、「そんなことを気にする必要はないよ」といいました。人間は90分しか集中できないのですから、むしろ休憩をとったほうがいいくらいです。次第に、何名かで集まって休憩スペースでワイワイと食べるようになりました。こうしてスイーツの会は、すぐにみんなの楽しみになりました。全員が顔をそろえて食べるわけではありませんが、それでもみんなが楽しんでくれればいいのです。あまり形式にこだわらないほうがいいように思います。実際、飲み会よりもスイーツの会のほうが女性たちには好評でした。

スピーチで仲間が身近になる

次に、朝礼の3分間スピーチをご説明しましょう。テーマは仕事以外で体験したことなどです。その人のことがわかりますので、職員同士の距離が縮まります。3分間スピーチは、毎日、朝礼の際に輪番制で行います。もちろん支店長の私も話します。

スピーチを二つご紹介しましょう。一つはお子さんがいる女性正職員です。「私は、家から職場までかなり距離があるのですが、健康のために自転車で30分ほどかけて通勤することにしました。この場で話すとやめられなくなるので、あえてみなさんに話すことにしました。がんばります。応援してください」という話でした。

男性は堅苦しく考えすぎて、なかなかいい話をしてくれません。もう一つも女性職員の話です。「私は、入社して1年がたち、第一線に出たのですが、体調を崩してしまい、お医者さんに診てもらうことになりました。そのときのお医者さんは、わかりやすく、ていねいに専門的な医療の話を説明してくれました。私はその先生の治療法に従うことにしたのですが、後で、なぜそう決めたのかを振り返ってみました。きっと、その先生を信頼したからだと思います。ふと、自分のことにあてはめて考えてみました。なぜ、お客さまは私の話を聞いてくれないのか、いつも悩んでいましたが理由がわかりました。自分はまだお客さまから信頼されていなかったんだと思います。人との信頼関係は、それなりの人格や専門知識を身につけないとつくれないものだと感じました」という話です。こういうスピーチは、仲間を知るうえで、大いに役立ちます。

励ましの絵はがき

次は、支店長と職員のコミュニケーションの仕組みをご説明しましょう。感謝レターとはがき作戦からお話しします。私は感謝ビラと呼んでいましたが、一筆書きの小さな便せんに、たとえば「今日、店頭でちょっとしたトラブルがあったけれど、よくがまんしてくれましたね」とか「よくみんなのフォローをしてくれてありがとう」などと書いて本人に手渡しします。

「ありがとうね」と一言添えて渡すと、もらったほうは「えへっ」と照れます。そのつど渡しますので、よく職員を見ていないとできません。これには大事なコツがひとつあります。えこひいきにならないようにすることです。機転が利く人とそうでない人がいます。意識しないと機転が利く人に集中してしまいます。そうなると、ほかの職員からねたまれることになり、職員間のチームワークに支障を来してしまいます。そこは要注意です。

はがき作戦というのは、折に触れて支店長が手書きで、はがきを書いて職員の自宅に送るというものです。折に触れてとは、病気で会社を休んでいるとき、なんとなく落ち込んでいたとき、大きなミスをして気にしていたときなどです。官製はがきでは、受け取った

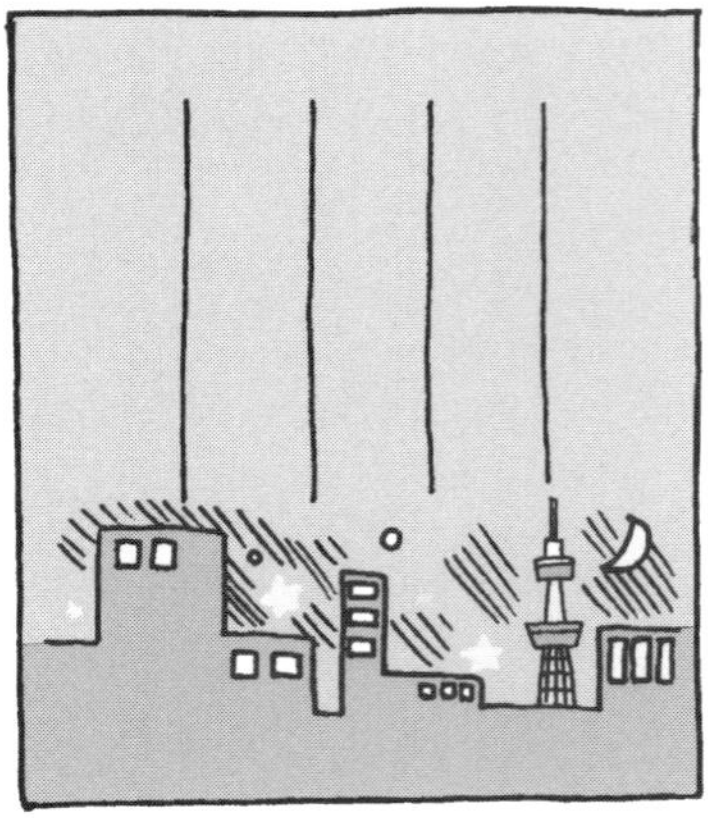

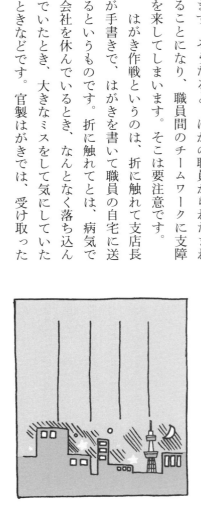

ときに構えてしまいますので、季節の花の絵柄などが入った絵はがきを使います。封書にしない理由も同じです。はがきは、立ち直るきっかけになってもらいたくて書くわけですから、支店のみんなに出すわけではありません。

どのようなことを書くのかというと、「誰だって失敗しながら覚えていくから気にしなくていい」とか「誰でも1回は通る道だから」など、ちょっとしたことです。あまり仰々しいことは書きません。大切なのは、支店長からのはがきが自宅に届いたという事実です。「支店長が気にしてくれている」と思ってくれれば、何かのきっかけになるかもしれません。

はがきの効果がどの程度あるのかはわかりませんが、何年も前に私が出したはがきを「いまも大切にもっています」といわれたことがあります。なんだかうれしくなりました。少しは役に立ったのかもしれません。

支店長が声をかけて話を聞く

支店長と職員がコミュニケーションをとる仕組みの最後は、隔月の対話と支店長席前の二つのイスです。隔月の対話とは、突然、支店長が職員に声をかけて話を聞くというものです。「明日の15時から話を聞きます」などと日時を決めると、「何を聞かれるんだろう」と不安になります。構えられてしまい、本音の話も聞けません。業務時間中に、突然、声をかけたほうが話をしてくれるものです。

どのように声をかけるのかというと「○○さん、忙しいところすまないけれど、ちょっといいかね」という具合です。特に注意をしたり、怒ったりするわけではありませんし、用事があるわけでもありません。「最近どうかね、何か困ったことはありますか」「何かやってみたいことはあるかね」「いま、お店の雰囲気はどうかね」という程度の会話です。

隔月にした理由は、毎月では多すぎるし、3カ月では空きすぎるように感じたからです。これは感覚的なものです。全員と話をしないと、えこひいきになりますので、突然といっても実際には2、3日で集中してみんなに声をかけます。

話してもらったことを記録するようなことはしません。何かに反映するためのものでもありません。そのような意図をもつと、職員が話してくれなくなります。本当にざっくばらんな会話で、「ああそうなのかい。そんなことがあるのかね」という雑談です。

コミュニケーションがないところにチームワークはありえません。職員一人ひとりと話をしている私の姿から、コミュニケーションを重視していることが伝わればそれでいいのです。

さて、私の机の前にはイスが二つ並んでいます。これは「いつでも話を聞きますから、いいたいことがあったらきてください」という意思表示です。部下が話をするためにやってきて座ることもありますが、私としては、前を通った人を呼び止めて「まあ、ちょっと座ってよ」というように気軽に話を聞くために置いています。

金融機関では、気軽に支店長と話をする風土がありません。1対1では、なかなか本音が出ません。しかし、2人なら「なあ、そうだよな」と同意を与え合うことができますので、率直な話をしてくれやすくなります。必ずいつも2人で座ってもらうわけではありませんが、職員が緊張していると感じたら、「ちょっと○○さんもきてくれる」と、もう1人呼んで横に座ってもらい、「いま、こんなことを話しているんだけど、○○さんはどう思う」と誘いをかけて会話が進む糸口を見出します。

私の支店に異動してきたばかりの職員は、この二つのイスを見て「どうしてあんなところにイスがあるのか」と不思議がります。イスといっても昔の大衆食堂にあったような安っぽい丸イスです。背もたれなんかありません。このほうが、いろいろ試した経験から、気楽に座れていいかなと思ったのです。話しやすくするためには、それなりの工夫が必要だと感じています。

ポイント15　コミュニケーションをよくする仕組み

①職員同士のコミュニケーション

・プロジェクトチームによる取組み

・食事会

・朝礼での3分間スピーチ

②支店長と職員とのコミュニケーション

・感謝レター

・隔月での対話

・はがき作戦

・支店長席前の丸いす

第2章
戦う——目標達成のための仕組み

Q12 新任支店長が成果をあげるにはどうしたらいいのか？

A12 両面作戦でロケットスタートを切る。準備期間は長くても3カ月間とする。

ロケットの1段目は住宅ローン、2段目は事業所融資

支店の目標はたくさんあります。金融機関によっても異なるでしょうが、10くらいの目標を与えられているところもあるでしょう。私が最初にしたことは、重点項目を決めることです。まずはそれに集中して一点突破、次に全面展開を目指します。

新任店舗は初めの3カ月が勝負です。スタートの3カ月で業績があがらなければ、そのままズルズルと低迷してしまうものです。ロケットスタートが求められます。そのためには、一つ目標を達成し、支店に勢いをつけることが大事です。

孫子の兵法に「善く戦うものはこれを勢に求めて人に責めず」という一節があります。これは、個人的な能力や働きに期待をかけるのではなく、組織全体の勢いを重視することが巧みな戦い方であるという教えです。勢いに乗じて戦えば、思いがけないくらいの力が出ます。

融資の重点商品は、事業所融資（法人融資）と住宅ローンです。事業所融資は、ボ

リュームがありますが、どちらかというと時間がかかります。お客さまの会社を訪問しても、すぐに資金ニーズが湧き出てくるわけではないからです。最低でも半年くらいは種まき期間が必要です。しかし、赴任後、すぐに成果をあげなければなりません。

そこでスタート直後は、まず住宅ローンの肩代わりを重点施策にします。重きは住宅ローンの肩代わりに置きますが、事業所融資の種まきもおろそかにしないように気をつけて行います。

住宅ローンの肩代わりは、市場にニーズがふんだんに眠っています。家があれば、基本的には住宅ローンがあると考えられるからです。また、住宅ローンの肩代わりは、スピーディーに成果が表れるという利点もあります。しかも、件数で表せますので進捗管理（実績管理）がやりやすく、チーム対抗戦にすることで、チームワークも高められますので、支店全体が大いに盛り上がります。

人というのは不思議なもので、やってみて短期

間に成果があがると「次もできるかもしれない」「もっとやってみようかな」という自信とやる気が湧いてきます。この心理的なタイミングを逃さず、事業所融資の推進を本格化させます。住宅ローンを起爆剤にして勢いをつけ、その勢いで事業所融資を攻略しようという作戦です。

住宅ローンはシステマチックに

住宅ローンの肩代わりをどのように推進したかについてお話ししましょう。まず、組織横断的にチームをつくります。チームは原則6人1組で、支店の全職員がメンバーになります。活動は、週に2、3回、「種まきデー」と称して行います。1回当りの活動時間は1時間から1時間半です。15時から16時半までというように、時間を決めて全員で種まきします。もちろん目標を定めて行います。

さて、種まき時間が終わったら、その日の成果をチームごとに発表します。何件、案件をとってこられたかです。楽しく「見える化」で進捗管理して、翌日の融資案件会議で決裁します。融資可となった案件については、「見える化」に反映させ、進捗管理をきちんと行い、すぐに書類をそろえて一刻も早く融資実行します。

住宅ローンの肩代わり推進は、取引先の社長さんなどによる従業員紹介もありますが、基本的には支店のエリア内をローラー活動します。

住宅ローンの肩代わり推進は、お客さまから「償還明細表」をもらえれば8割がた成功したのも同じです。あらかじめセールストークを決め、全員がそのセールストークどおりに推進します。実にシステマチックな方法です。詳しくは住宅ローンの肩代わりのところでご説明します。

とにかく案件を多くあげる

次は事業所融資をどう伸ばしたかについてです。中小企業のなかには、財務面が優良で、担保力もあって、業績も申し分ないところもあります。しかし、地域金融機関の取引先は、必ずしもそのような企業だけとは限りません。むしろどこかに問題があるケースのほうが多いでしょう。それこそが地域金融機関のターゲットゾーンといえます。そこにどうやって融資するのか。まさに目利き力の勝負です。

経営アドバイスやコンサルティング機能を発揮する必要がありますが、渉外担当者がみんなそのようなスキルや知識を有しているわけではありません。個々の能力だけを頼りにしていたら、融資は伸ばせません。

そこで、私がとった戦術は「とにかく案件をあげさせる」というものです。たくさんのお客さまを訪問して、いろいろな案件をとにかくとってきてもらいます。あとは、毎日開かれる融資案件会議の場で、皆と意見交換しながら私が決裁します。会議の場では、「社長さんがそこを気にしているんだったら、こちらはこういう提案をしてみたらどうか」というように、折衝の仕方も具体的にアドバイスします。クロージングについてもきめ細かく指導して自信をつけさせます。渉外担当者には、案件を数多くあげることに専念してもらいます。これがとても重要です。

先んずれば〝他行〟を制す

金融機関はストックで儲けるビジネスモデルといえます。積み上げた融資残高が利益を生みます。しかし、融資残高は何もしなければ毎月、返済で減りますし、肩代わりされても減ります。ですから、新たな融資をとってくるしかありません。

住宅ローンの場合、基本的に、1世帯に一つしか資金ニーズはありません。しかし、事業所融資は、いつ新たな需資が発生するかわかりません。ですから既存取引先には、足しげく通って、いろいろな話をすることが大切です。攻めていれば肩代わりされることもありません。そうすれば融資残高はふえることはあっても、減ることはないはずです。

私が最後にいた支店では、1年間に40件ぐらい他行の肩代わりをしました。一方、肩代わりされた件数はゼロです。肩代わりできたということは、他行から肩代わりされる可能性もあるといえますが、実際には1件も肩代わりされませんでした。理由は足しげく通っていたからです。「何とか引き続きうちでお願いします」と何回も訪問を重ねていたからです。まさに「攻撃は最大の防御なり」です。ストックビジネスは、減らないために攻め続ける必要があるのです。『史記』に「先即制人、後則為人所制」という一節がありますが、金融機関のビジネスは、まさに「先んずれば人を制す」なのです。

肩代わりという集中戦略

私の支店では、渉外担当者の行動規範に「1日1枚はがきを書く」という決まりがあります。これはどういうものかというと、「渉外担当者は、担当するお客さまに対して、毎日お便りを出さなければいけない」という制度です。外回りに出かける前に、1枚お客さまへはがきを書いて、支店長に提出します。はがきを書かないと、外回りに出られません。支店長は、はがきを預かり、職員を通して投函《とうかん》します。はがきという媒体特性から、個人情報や取引内容に関することは書きません。取引のお礼をいう場合であっても、「今回はご無理を申し上げました」などと、ぼやかして書きます。人間性の問題なのか、案件をとるまでは熱心に通っておきながら、とった途端にピタッと顔も見せなくなる人がいます。私は、常日頃から「獲得は終わりではなく、むしろ始まりだから、獲得してからの訪問回数は、獲得前よりも多くなるように心がけなさい」といい続けています。お客さまへはがきを書くことを義務づけたのも、そのことを常に意識してほしいからです。

成績の上がらない支店は、肩代わりをよくされています。案件をとっても、とっても、とられてしまうから残高が伸びないのです。「先即制人、後則為人所制」、つまり後手に回っているため、他行に制されている状態です。中小企業の社長さんは、「金利が高い。もっと低くならないか」などといいますが、いつも顔を見せている金融機関に対して「金利が高いから、おまえのところはもうやめるわ」なんてことは普通いいません。いいにくいですから。

しかし、社長さんに「いま、うちの担当者は誰だったかな」「支店長の名前なんて知らんわ」といわれるような関係だったなら要注意です。簡単に肩代わりされてしまいます。競合する金融機関にとって、まさに肩代わりの狙い目といえます。

アベノミクスの成長戦略という追い風はありますが、人口減少のなか、地域金融機関は限られた市場での奪い合いが続くものと考えられます。ハーバード大学のマイケル・ポーター教授は、著書『競争の戦略』のなかで、競争相手に勝つための方法として、「三つの基本戦略」を示しています。「コスト・リーダーシップ戦略」「差別化戦略」「集中戦略」です。これを金融機関の戦略にあてはめてみると、金利の差でいくか、商品にオリジナリティーを出すか、推進する商品を絞り込んでそこに経営資源を集中させるかです。金利競争には活路がないですし、金融機関は商品での差別化もしにくい。残るは集中戦略です。

私の支店では、融資の肩代わりを集中的に行いました。他行の融資先をとってくることでシェアを上げる戦略です。これによって融資の目標を達成してきたのです。

ポイント16 競争相手に勝つための方法

・コスト・リーダーシップ戦略
・差別化戦略
・集中戦略
※『競争の戦略』マイケル・E・ポーター

COLUMN

「とにかく君はおかしい」

プラザ合意がなされた1980年代半ば、私は支店の渉外係として預金集めに日々奔走していました。プラザ合意とは、先進5カ国が協調して為替レートをドル安に進める合意です。この合意を境に、日本は急激な円高・ドル安の道を進みました。しかし、急激な円高は輸出産業に大きな打撃を与えます。そこで政府は、急激な円高・ドル安にブレーキをかけるため、公定歩合の引下げを行いました。これが預金金利の低下につながり、お金は預金から土地・株式など「投資」へ向かって流れていきました。バブル経済の始まりです。

当時、ライバル金融機関は都市銀行でしたが、私はそこの行員さんと親しかったので、都市銀行の方針や、業績評価について聞く機会がありました。すると、預金の評価よりも融資の評価のほうが高いというではありませんか。もうびっくり仰天です。信用金庫の業績評価は、預金がすべてで、貸出の評価などないに等しかったからです。

私は、これまで預金を集めることに何も疑問を感じませんでしたが、世の中を見回すと、預金金利の引下げから、お金の流れが変わりつつありました。「これはひょっとすると金融機関の営業は、預金中心から貸出中心に変わるのではないか」と思いました。のんびりしていた私は急に不安になり、あわてて経済新聞や金融経済雑誌等で情報収集をしました。その結果、今後、渉外係には融資能力が求められるようになると確信したのです。たいした根拠があったわけではありません。もしかしたら預金集めにどこか飽きていたのかもしれません。

ともあれ、融資推進について自分なりに勉強して、融資の新規開拓に励みました。その当時の新規開拓獲得件数は月平均3件、年間40件ほどです。新規訪問は1日10〜15件行っていました。最初は、断られに訪問しているような状態が続きましたが、3カ月くらいしたころから少しずつ成果があがってきました。

しかし、ここで私にとって思わぬ「敵」が出現しました。それは本部検査でした。支店検査の最終日に検査官に呼ばれていわれた言葉は一生忘れません。「君は預金をほとんど集めず、融資に夢中になっているようだが、それはおかしいのではないか！」。私の融資にウエイトをおいた営業を全面否定されたのです。どう説明しても「とにかく君はおかしい」の一点張りでした。いまとなっては笑い話ですが、新しいことに挑戦するのは、大変なことだと実感したものです。

融資の必要性を自分なりに理解していたので、融資中心の活動をしたかったのですが、なにせ預金を多く集めた人が評価され、支店長に任命されていた時代です。預金集めは絶対条件だったのです。しかし、当時、預金は集金が中心で、多大な時間と労力が必要でした。預金を集めなければ支店では勤まらず、集めれば時間と労力を失い、融資がおろそかになってしまいます。私は、「評価される預金と評価の少ない融資の両方を上げるにはどうしたらいいのか」という問いに頭を悩ませました。

しかし、ひとつの答えが見つかりました。「肩代わり」です。つまり、1億円の肩代わり融資を月末に実行し、月初に融資金を他行に振込み実行すれば、月末の預金はとりあえず1億円達成できたことになるのです。私は、融資を増加させるために肩代わりをしたわけではなく、月末預金の達成のために肩代わりをしたのです。いまにしてみれば、不純な動機の肩代わり戦略でしたが、私は、こうして預金と融資の両方を積み上げていきました。

これまで預金の成績が振るわず、手厳しく怒られてきた支店長から「鈴木君、今月の肩代わりはいくらあるのかね」と聞かれたときは、うれしかったですね。こっそり喜んだものです。

Q13 渉外担当者の能力はどうやって伸ばしたらいいのか？

A13 考えるクセをつける仕組みをつくればいい。

先に計画ありきの渉外

渉外で成果があげられない原因のひとつは、無計画な営業推進にあります。何も考えずに、お客さまのところへ行って、「おはようございます。何かありませんか」というようなことをしているから成果があがらないのです。相手があることなので、シミュレーションどおりにはいかないでしょうが、担当者として「今日は、ここで何をする」という目標をもたないといけません。

そこで、私は渉外担当者の行動規範のなかに、「明日の計画を書く」という決まりを入れました。一日の仕事が終わったら、明日の計画を手書きで書いてもらいます。「A株式会社」では何をする、「B商店」ではどうするという具合です。パソコンのほうが効率的に書けるでしょうが、「手書き」にしているねらいは、書いているうちに、思いつくことが何かしらあるからです。

また、脳に明日の予定が強く記憶されますので、「第一声はどうしようかな」「どういう話の展開にもっていこうか」などと、出社するまでの間に自然と考えるようになります。この考えるクセが大事です。翌朝は、前日の行動計画を確認するだけですから、すぐに外回りにいけます。おのずと訪問件数はふえ、案件も多くあげられるようになります。

考える機会として、訪問する前に支店長席でするロールプレーイングもあります。これも積極的に行いました。いつもするわけではありません。勝負どころの案件に対してします。たとえば、今日〇〇会社に5000万円の肩代わりの話を切り出す、というようなケースです。

切り出しの言葉はどうするのか、この案件の問題点は何か、などを確認してからロールプレーイングをします。もし、「うちはサブなので、メインのほうがどうしても強い気がします。そこが問題です」というなら、「強そうな気がするんだったら、自分はどうしたいのか。どうやってとってくるつもりなのか」などと尋ね、自分で考えさせます。トークと展開に説得力がないようなら、「ちょっと待て、そこのところはこうしたほうがいいんじゃないか」と具体的にアドバイスをしてから、再びロールプレーイングをします。私はお客さま役です。

渉外担当者には、このように、常に「考える」クセをつけてもらいます。なぜなら、渉外担当者の力量は「即時対応能力」で決まるからです。たとえば、お客さまを訪問したときに、えらく不機嫌そうな顔をしていたらどうするのか。「今日はお忙しそうなので、またおうかがいします」といえるかどうか。不機嫌なときに話を進めようとしても案件がこじれるだけです。案件を数多くあげるのが渉外の仕事ですが、案件を早くまとめようとしないほうがいいときもあるのです。そのあたりの見極めとか、状況判断というものが必要になります。即時対応能力は、常に考えるクセをつけることでしか養えません。

　さて、融資の進捗管理は肩代わりを中心に行います。もちろん「見える化」です。たとえばハンバーグ定食の塗り絵にします。ハンバーグ定食一つは1件の肩代わりを表します。

ネタ　相談・案件　承認　実行
達成した項目のアイテムシールを貼る。ランチのセットがそろえば成約。

※達成した日付を記入する

いきなり肩代わりができるわけではないので、決算書をもらったとか、稟議書を書いたなど達成した項目に合わせて、ニンジン、インゲン、ポテト、ハンバーグ、ライス、スープの絵に色を塗ります。全部塗れたら1件の肩代わり完成という具合です。いま、どこまでできているのかが一目でわかります。

肩代わりも組織横断的なチームをつくって、チームごとに「見える化」で競い合います。

勉強会で総合力を鍛える

融資は、集中戦略によって肩代わりを重点施策にしていましたが、この肩代わりという案件は、渉外担当者の「即時対応能力」を含めた「総合力」がものをいいます。

一つの例をあげてご説明しましょう。その渉外担当者は、攻略先の「中華料理店」を4、5回ほど訪問していました。しかし、「メイン金融機関との付き合いがあるから」という理由で門前払い状態が続いていました。それでも訪問を続けていると、突然、社長から「それなりの人を1回連れてきてくれんか」といわれました。担当者からは経緯を聞いていたので、私は「じゃあ、明日の午前中に行こう」といって、社長さんにその旨を伝えてもらいました。社長さんの話は次のようなものでした。

「いま取引しているところに『ちょっといろいろあって、このお金は商売のお金じゃないんだが、どうしても必要だから、半年ぐらい貸してもらえないだろうか』と融資の申し込みをしたんだ。そうしたら、えらいばかにされた。自分の息子よりも若いようなやつにばかにされたんだ。本当に頭にくる。何十年も付き合っているのに、あの態度はなんだ。あそことの付き合いはもうやめにしたい」

私は、社長の話を聞いて、「そうすると、いまの取引の金利がどうだとか、担保がどうだとか、そういうことじゃなくて、担当者がすごく失礼な対応をしたということですか」と確認しました。社長は、「そうだ。何とかならんかね」といいました。私は「それなら支店長の専決で融資しましょう。ただし、金利はいまよりも高くなりますよ。なぜかというと、支店長の専決案件にするためには内部の決まりがあって、いま借りている金利よりも安くしようと思うと、本部に伺いを出さないといけないからです。それは、私の権限を越えた案件になります。だけど、いまの金利よりも高い金利でいいなら、この場で私が決裁できます。いかがですか」といったところ、「それでいい」ということになりました。まさに総合力がものをいう案件でした。相手の心理的な不満を解消することで、他行からの肩代わりが成功したのです。

『三国志』のなかで、馬謖が諸葛孔明に進言した有名な策があります。それは「用兵之道、攻心為上、攻城為下、心戦為上、兵戦為下」というものです。これは、戦においては、相手の城を攻めるよりも、相手の心を攻めるほうが上策であるというもので、相手を心服させることが大事だという教えです。

人の気持ちや感情を理解し、そこに働きかけをすることが大切です。金利がどうのこうのと担当者はいいますが、そんなものは表面に見えているものであって、その下にある感情に気づかないと、肩代わりはできないのです。まさに総合力の勝負です。

では総合力はどうやって鍛えたらいいのか。

私の支店では、勉強会で総合力を磨きました。これもご説明しましょう。勉強会は週に1回、たとえば水曜日の16時から1時間というように時間を決めて行いました。年間で約50回になります。何があろうが必ず行います。渉外担当者は必ず参加しますが、ほかの人は自由参加です。全員参加にすると業務ができなくなってしまうので、一応自由参加にしたのです。それでも、毎回15人くらい参加していました。「勉強会の日は早く終わらせて必ず出る」という人もいましたし、「どうしても出られないので資料だけはほしい」という人もいました。みんなが勉強する風土ができていたのです。

勉強会の内容は、お客さまに関係することです。知識やマナーなどの基礎編と、成功体験や失敗体験などをもとにした応用編です。基礎編は、接遇、渉外のマナー、苦情・クレームの初期対応、お客さまとの話のネタになりそうな新聞記事などがテーマとなります。新聞は経営者なら誰でも読んでいますので、話題としても、常識を身につけるためにも大事です。

応用編では、「あの案件は、よくとれたな。その成功要因は何だね」とか「この案件は、失敗したけれど、失敗した要因は何だと思う」というように、成功体験と失敗体験を客観的に分析して共有します。これも「見える化」のひとつといえます。

成功した事例は、全員のモチベーションアップにつながります。失敗した事例は、明日の成功への糧となります。みんなで失敗した要因を共有して、繰り返さないために発表してもらいます。具体的に事例をあげてみましょう。

それは、私が昼食から戻ったときに、ちょうどそのトラブルが発生していました。中年の女性客がえらい勢いで外為の窓口で怒っていたのです。散々怒鳴った末に、そのお客さまは帰られました。私は、担当者を呼んで事情を聞いてみました。以下はその時の会話です。

支店長　あのお客さまは、何をそんなに怒っていたんだ。

担当者　私は、別に間違ったことはしていません。

支店長　間違ったことをしたかどうか、そういうことを聞いているのではない。うちはお客さまの満足度を高めようとしているのに、お客さまが怒っていたわけ

担当者 だから、それはなぜかと聞いているんだ。原因をいってくれ。お客さまはドルへの交換にこられました。10万円をドルにするとこのぐらいの大きさになりますとお見せしたところ、お客さまは「100万円交換してちょうだい」とおっしゃいました。しかし、お渡しする時になって、「こんなにたくさん海外旅行にもっていけるわけないじゃない」と怒り出したんです。「たしかに私は100万円といったけれど、こんなに大きくなるんだったら、事前にいってくれればいいじゃないのよ」といわれました。しかし、事前に10万円ならこのくらいになりますとお示ししているのだから、それが100万円なら10倍になるのは誰だってわかるはずじゃないですか。

支店長 ちょっと待て。お客さまはそれがわからなかったから100万円といったんでしょ。お客さまが困っているんだから交換してあげればいいじゃないか。手数料がどうのこうのではないでしょ。

担当者 でも、私はちゃんと説明しました。お客さまだって理解していたはずです。

支店長 おいおい待て、はずかどうかはしらないが、お客さまが怒ったということは理解していなかったということじゃないのか。そもそも自分がミスしなければ、問題ないという杓子定規な考え方でお客さまと接するからこうなったんじゃないの。

この事例を題材にして、勉強会では二度と同じトラブルを引き起こさないためにはどうしたらいいのかをみんなで考えました。

この勉強会は、主には渉外担当者の総合力を鍛えることが目的です。お客さまの心情やニーズを感じとれるようになるために、成功体験と失敗体験を客観的に分析します。時には、題材となった事例をもとに、お客さまの気持ちやニーズをどのように聞き出したらいいのか、ロールプレーイングすることもあります。

ポイント17　渉外担当者の能力向上策

①考えるクセをつける
・明日の計画を手書きさせる
②即時対応能力の育成
・適宜ロールプレーイングをして、切り出しの言葉やクロージングの言葉を練る
③総合力の育成
・自主勉強会で他人のケーススタディーを客観視し、顧客の目線でモノを考えさせる

Q14 金利競争が激しくて融資を伸ばせない。どうしたらいいのか？

A14 それなら金利で競争しなければいい。

金利競争に陥る双方の思い

地域金融機関は、どこだって金利競争をせずに事業所融資（法人融資）を伸ばしたいと思っています。しかし、現実は、金利競争に陥り、融資も伸びていません。なぜそうなるのでしょうか。まずは、その原因から考えてみましょう。金利競争を引き起こす要因は、借り手である事業所と、貸し手である金融機関の双方の思いにあります。

事業所側の思い

①あわよくば金利を下げたい

相手は商売人です。「金利は安くならないの」とあいさつ代わりにいいます。

②金融機関との取引は金利がすべてだ

金融機関はどこも同じであり、金融機関との取引基準は金利しかない、と思い込んでいる企業があります。このような企業は、当然、金利の引下げを求め続けます。

③うちは低金利のはずだ

「私の会社は決算内容がいいのだから、あなたの支店でいちばん金利を安くしてほしい」という事業主さんもいます。金利はいい会社の証しだと思っているのです。社長のプライドといえます。

④収支を改善したい

業績が低迷している場合、「こういう時代なので、なかなか儲からないよ。金利をもうちょっとめんどうみてくれないかね」などといって、収支を改善するために金利引下げを依頼してくるパターンです。

⑤もっと利益を出したい

「借入金利をなんとかならないかね。おたくにはだいぶ儲けさせているじゃないか」などと、自社の利益を厚くするためにドライに交渉してくるパターンです。

金融機関の思い

①金利で案件をとりたい

金利を安くすれば案件がとれると勘違いして、相手が金利の話をしていないのに「金利を安くしますので」とこちらから仕掛けてしまうパターンです。

②競合先に勝つには金利しかない

金利は融資条件の一つにすぎません。融資の条件は、物的担保、人的担保、返済期間、返済方法、金利などがあり、それらは企業の信用状況や業績、取引振り、金融機関の融資取引方針などをもとに総合的に判断して決められるものです。

金利は、数多くある競争要因のひとつにすぎないという認識がないから、ほかの金融機関と競合した場合は金利を下げるしかないと考えてしまうのです。

たとえば、あなたがラーメンを食べにいくときのことを考えてみてください。何を基準にお店を選びますか。味がうまい、量が多い、値段が安い、待たないで食べられる、近くにある、などお店を選ぶ要素はいくつもあると思います。必ずしも値段だけで選んでいるわけではないはずです。実は、金利も同じなのです。

③金利を下げればお客さまに喜ばれる

お客さまに喜んでもらうには、金利を引き下げることだと思っている渉外担当者も多くいます。言い方を換えると、業績をあげられない渉外担当者ほど、金利を言い訳にします。例をあげてみましょう。

支店長　この案件はどうしてうまくいかなかったのかね。

担当者　ほかより金利が高かったからです。

支店長 あなたのスキルや交渉力は役に立たなかったということか?

担当者 いや、そういうことじゃないですが、やはりお客さまからしてみれば金利が安いほうがいいですから。

支店長 安いほうがいいって、お客さまがそういっているの?

担当者 いや、そうじゃないですけど。

支店長 安いほうがいいと思っているのはあなたじゃないのか。そもそもあなたは社長さんから頼りにされたり、信頼されたりしていたのか?

間接金融とりわけ中小企業金融において、金融機関が提供するサービスのうち、生命線となるのは付加価値の提供です。金利ではありません。調達金利全般でいうなら直接金融にはかないません。

ビジネスマッチングを手伝ってくれる、制度改正などの情報を提供してくれる、頻繁に訪問して相談に乗ってくれる、細かな要望にもこたえてくれる、いつも気遣ってくれる、など金利以外の付加価値があるから間接金融は成り立っているのです。

金利は、こうしたサービスの対価でもあります。金融庁が「コンサルティング機能」や「アドバイス機能」の発揮について言及していますが、間接金融の担い手である地域金融機関にとっては当たり前のことだといえます。お客さまの満足を金利面だけで得ようと考えるのは間違っています。

④低金利にするのは渉外担当者の実力

「支店長や審査部を説得できる材料を見つけて案件をあげたから低金利にできた。実力があるから金利を安くできたんだ」という間違った考え方をする人がいます。単に値引きしているだけなのに、自分には実力があると思い込んでいるのです。

⑤とりあえず自分の目標が達成できればいい

自分の融資目標さえクリアできればいいという考え方が根本にあります。ノルマに疲弊し、自分の金融機関の収益に関する危機意識が薄れてしまっているために、このような発想になるのです。

なぜ金利競争をしてはいけないのか

それでは、次に金利競争をすると金融機関にどのようなデメリットがあるのか考えてみましょう。

①長期的な信頼関係を築けない

金利を安くすると、お客さまとの人間関係が悪くなります。これは誰もが体感していることと思います。たとえば、こちらが1・5%を提示したところ、競合他行が

1・25%を出してきたとします。お客さまは1・25%以下じゃなきゃ借りないと言い出しました。なんとか案件をとりたいあなたは、金利を下げて競合他行に打ち勝ちました。さて、あなたの心理はどうなっているでしょうか。「仕方がないから金利を下げてやった」という恩着せがましい気持ちなのではないですか。相手も負い目を感じることでしょう。これでは、その後の関係がうまくいくはずはありません。

長期的に見ると、取引先との関係は、金利を下げなかったほうがうまくいくものです。たとえば、競合他行が1・25%を提示したにもかかわらず、こちらの提示どおり1・5%で借りてもらったとします。あなたの心理はどう変わりますか。「申し訳ない」と思って、何度も足を運ぶのではありませんか。用事がなくても「何かないですか」「通帳でも付け足してきましょうか」と訪問してみたり、タオルの一本でも置いてきたりするかもしれません。結果、長期的な信頼関係が築かれてきます。金利を安くすることは、目先の案件をとったとしても、将来的に自分の首を絞めることになるのです。

競合先より金利が高かったとしても、焦って金利競争に走ることなく、「うちは信用金庫なので、こうして頻繁に訪問させていただいていますので、ここはひとつこの金利でのんでいただけませんか」などと説明して、納得してもらうようにしないといけません。

②リレーションシップ・バンキングにならない

仮に金利競争を続けてお客さまを獲得していったとします。そうすると、理論上、その金融機関は「金利が安いところがいい」という金利指向の強いお客さまばかりになってしまいます。このお客さまはトランザクション・バンキング（一時的な取引を優先する）のお客さまであり、地域金融機関が掲げるリレーションシップ・バンキング（長期的かつ総合的な取引）のお客さまではありません。これでは地域金融機関の将来はありません。

③付加価値提供機能が低下する

低金利は、金融機関にとって最も安直な販促手段です。これに頼っていると、間接金融の担い手である地域金融機関の、役割ともいえる「情報提供」や「アドバイス」といった付加価値の提供がおろそかになります。ひいてはコンサルティング能力を有する人材の育成が停滞することにもなります。これは金融機関の戦力が弱体化することにつながっていきます。

④際限のない負の連鎖が始まる

安い金利で獲得した先は、安い金利でとられるということです。実に脆弱《ぜいじゃく》な顧客基盤といえます。他行が安い金利を提示すれば、それだけで簡単に肩代わりされてしまいます。また金利値下げは、地域金融機関の付加価値提供能力を低下させ、際限のない負の連鎖に陥らせます。これでは中小企業金融としての役割・使命は果たせなくなります。

⑤金融機関の収支が悪化する

金利の引下げを恒常的に行っていると、金融機関の収益は当然に悪化します。

金利が高いことを堂々といえるようにする

私は、支店の渉外担当者たちに「うちは金利が高いですよと、胸を張ってお客さまにいってこい」といっています。しかし、なかなかいえません。そこで、ロールプレイングで徹底的に練習して、お客さまにいえるように指導してきました。その文言をお教えしましょう。なぜ高いのかを理論的に説明し、実は総合的に見ると安くなることを理解してもらうようにするのです。まずは前提となる地域金融機関の使命からです。

「私たち金融機関は、訪問する、相談に乗る、といった付加価値の提供を生命線にしています。したがって、その分だけ金利は高くなるかもしれませんが、かゆいところに手が届くといった、地域金融として満足していただける仕事を目指しております」

続けて次の三つをお客さまに伝えます。

「私どもは、地域金融機関として、地域とともに生きていきます。最後まで手を引きません。地域の発展なしに私どもの発展はなく、ここでしか営業できません。いわば、運命共同体であり、ともに生きていくしかありません」

「私どもは、中小企業専門の金融機関ですから、安定した資金パイプとなります。メガバンクさんとは対象と役割が異なります。異なる資金パイプを確保されることは、経営上、必要なことではないでしょうか」

「私どもは、長期的な取引を前提に考えておりますので、過度に低い金利競争は控えたいと考えております。長期的な取引を目指すうえで、お互いに納得のいく適正金利を施行しておりますので、金利についてはご理解をお願いします」

これをすぐにいえるように繰り返し練習します。極端にいえば、「うちは金利が高いですよ」といわせます。私のいままでの経験からいうと、こういうことをしても「そうか、金利が高いのか。じゃあ取引をやめるわ」とはならないものです。だから堂々といえばいいのです。申し訳ないようにいうからおかしなことになるのです。

中小企業が信用金庫と取引する理由

ここで視点を変えてみます。中小企業はなぜ信用金庫と取引をするのでしょうか。その理由を列挙してみましょう。

・近くにあるから
・親近感があるから
・好感度が高いから
・訪問してくれるから
・安心できるから
・信頼できるから
・相談しやすいから
・スピード感があるから
・いろいろな情報をもってきてくれるから
・親身になってサポートしてくれるから
・理解してくれているから
・困ったときに頼りになる（借入れができる）から
・逃げないから

あらためて、お客さまが信用金庫を選ぶ理由をあげてみると、「金利が安いから」という取引動機をもつ人がいないことがわかります。つまり、金利競争をする必要はそもそもないのです。

なぜ、お客さまが信用金庫と取引してくれるのかをよく考えれば、何をセールスポイントにすればいいのかはおのずとわかるはずです。もう一度、「うちにずっと預金をおいてくれているのはなぜだろう。どうしてうちと取引しているんだろう」と考えてみてください。もし、そのお客さまの取引動機が「訪問してくれるから」というものであるなら、「私どもは、こうやって頻繁に訪問させていただきます」とか「ほかの銀行さんはうかがっていますか？　うちぐらいのものですよね」などと折にふれていうことです。日頃のアピールの積み重ねが金利競争の「予防」になります。

金利競争は地域金融機関の最大の課題です。自分のところの強み（お客さまの取引動機）をきちんと伝えなくてはいけません。ここ一番のときは、「ですからうちは金利が高いんです」という必要があります。

入札案件もありますが、私が現役のときは一度も応札したことはありません。リレーションシップ・バンキングにならないからです。満足感もありませんし、地域金融機関としての役割も果たせません。

金利競争が激しくて融資が伸びないと感じたら、「お客さまは、金利が安いから取引をしているわけではない」こと「金利競争をすれば、お客さまと長期的な信頼関係を築けなくなる」ことを再確認して、「うちは金利が高いんです」と堂々というように努力してください。金利で競合したときは、むしろ地域金融機関と取引するメリットをお客さまにお伝えするチャンスともいえます。

ポイント18　金利競争による際限ない負の連鎖

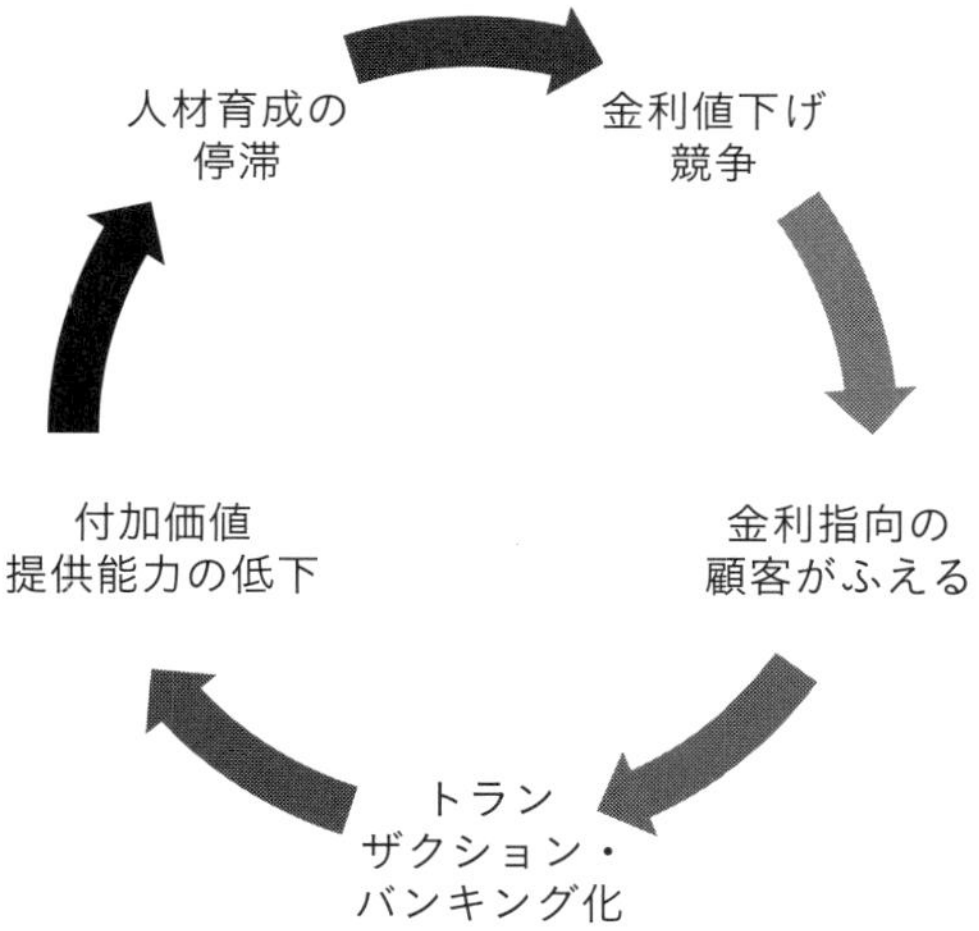

Q15 社長が相手にしてくれない、どうしたら食い込む手がかりをつかめるのか？

A15 社長が話したくなることを聞いてみることだ。

なぜ社長は相手にしてくれないのか

いろいろな理由が考えられるでしょうが、ひと言でいうなら「信頼関係」ができていないということです。渉外担当者にとって「信頼」は、最初にセールスすべき商品といえます。その認識をしっかりともって、中小企業金融にあたるべきです。

では、どうやって信頼関係を築くのか。まずは当たり前の話ですが、何回も訪問することです。1回の訪問で心をパカーンと開いてくれるわけがありません。新規先なら、最低10回は訪問することです。地をはうようなイメージで訪問を続けます。それをせずに、「話をしてくれない」「相手にしてくれない」と嘆くのは間違いです。10回もいけば、普通、話ぐらいしてくれるものです。

行きづらければ、粗品にタオルでももって行けばいいのです。表面上、「ふん、タオルか」という表情をするかもしれませんが、それでもいいのです。タオルを置いてくることで「私は、あなたに気を使っています」というメッセージが伝わります。

中小企業の社長さんは苦労人です。たとえタオル1本でも「気を使ってくれてすまないねえ」と感謝の気持ちをもってくれるものです。特に社長の奥さまはそういうところに敏感です。「あの人はいつも気を使ってくれているわね」と社長にいってくださいます。社長は、こうした渉外担当者の姿勢を見て腹の中で値踏みします。中小企業の社長は、そういう人が多いように思います。

しかし、訪問を重ねても話をしてくれないとしたら、それは渉外担当者のセールス姿勢に問題があるのではないでしょうか。「売らんかな」の姿勢で、「どこと取引されているんですか」「うちと取引してくれませんか」などと迫るから、「おたくには関係ないだろ」と、けんもほろろな対応をされてしまうのです。「どうせ自分の成績をあげたいだけなんだろ」と見透かされているのです。相手の役に立ちたいという気持ちが根底にないと、こちらが何をいっても聞く耳をもってくれません。

まずは相手に興味をもつことから始めないといけません。準備（下調べ）が必要です。たとえば相手が建設業者だとします。私が知っている建設会社の社長さんは、毎月、建設関係の15人くらいと飲んでいますが、そこでの話題はいつも人手不足の問題だそうです。詳しく聞いてみると、採用難というよりも、すぐに辞めてしまうのが問題だといっています。この話題は建設業ならどこでも当てはまる話ではないでしょうか。このように、企業を訪問する際は、業界の悩み、業界の関心事ぐらいはつかんでおかないと、「社長の役に立ちたい」という思いは伝わりません。

ルッキング&ヒアリング

さて、企業に食い込む手がかりですが、どこの会社にでも当てはまるものとしては、社長の琴線に触れるテーマがあります。これは社長に聞くしかありません。しかし、「話を聞かせてください」といっても話してくれません。的確な質問を投げかけて探るしかありません。

では的確な質問とは何か。それは、相手が聞いてほしいことについての質問です。なんとも単純な話ですが、若い人はなかなかこれができないようです。何かむずかしいことを聞かないといけないと思い込んでいるのでしょう。

社長さんにとって「聞いてほしいこと」とは何でしょうか。それは、「自慢したいこと」「気を使っていること」「工夫したこと」などです。会社を訪問したら「ルッキング」「ヒアリング」を意識してみてください。たとえば、社有車はすべて同じメーカーだった、入り口にきれいな花が生けてある、社長室にはゴルフのコンペのトロフィーがある、掲示板の予定表に何か書かれている、どこかの会社のカレンダーがかけられている、応接室のマッチはどこかの会社のロゴが入っている、職場は職員の活気であふれている、電話応対がていねいだ、など意識すればいろいろな情報が周りにあふれているはずです。特に入り口や応接室などには、来社した人に見てほしいと思っているものが置いてあるはずです。会社のこだわりを垣間見ることができます。

社長が最も聞いてほしい話

社長の琴線に触れるような話は、簡単には見つけられません。どのあたりに反応するのか、探りを入れていくしかありません。ポイントは1回の訪問でつかもうとしないこと。地域金融機関の渉外担当者の強みは、何度も訪問できることです。訪問を積み重ねていけば、大切にしている考えみたいなものがぼんやりと見えてきます。それを会話しながら感じ取っていくのです。若い人は、1回の訪問でつかもうとするからうまくいきません。今日は「10回訪問するうちの2回目だ」などと考えて、性急に物事を進めないことです。

さて、社長さんが最も聞いてほしいと思っている話は「苦労話」です。中小企業の社長さんは、過去に相当の苦労をして今日があるわけです。社長なら誰だって「かつては大変な苦労をしたんだ」と話したい欲求があります。しかし、従業員は聞き飽きているので、まともに聞いてくれません。社長の苦労話を聞いてくれる人は、案外身近にはいないものなのです。

そうはいっても苦労話は、初対面の人や信頼していない人に話すような話ではありません。何度も訪問しているなかで、折に触れて切り出してみるしかありません。たとえばこうです。「社長の会社がいい会社なのは、いまのお話でもよくわかりましたが、創業当初は、大変なご苦労もあったんでしょうね」などと、何気なくいってみるのです。うまくいけば、「うーん、そうなんだよ。実はね…」と話してくれるかもしれません。

向かない人もチームならがんばる

企業に食い込むためには、すげなくされても、断られても訪問を続けるしかありませんが、渉外担当者のなかには適性面で打たれ弱い人もいます。そういう人は耐えられなくなってしまいます。だからこそチームで目標に挑むのです。

個人競争なら自分が怒られるだけなので、打たれ弱い人は「もうだめだ、もういいや」とあきらめてしまいますが、チームプレーをしていると自分だけ逃げるわけにはいかなくなります。

誰に命令されたのでもなく、自分たちで決めたやり方で、自分たちで決めた目標に向かうのですから責任があります。チームとして1日10件訪問すると決めたら、自分だけそれをしないわけにはいきません。チームのメンバーみんなに迷惑をかけてしまうからです。これが踏みとどまってがんばるモチベーションになるのです。組織横断的なチームの強さです。

ポイント19　社長が相手にしない理由

①信頼関係ができていない

何回も訪問することから始める

・訪問回数が足りないのではないか
・相手への気遣いが足りないのではないか

②役に立ちたいという気持ちが根底にない

相手に興味をもつところから始める

・下調べが足りないのではないか
・ルッキングとヒアリングをおろそかにしていないか

Q16 社長と話はできるがまるで進展しない。どうしたらいいのか？

A16 社長から「実はねえ」のひと言が出ないうちはうまくいかないものだ。

無償の情報提供を続ける

中小企業の社長さんは百戦錬磨のやり手です。そう簡単に本心をペラペラ話すことはありません。苦労人ですから、そのあたりのことを心得ているのです。「こいつは話す価値がある人間だろうか」と渉外担当者を値踏みしています。「○○君は信頼できそうだ」「今度の担当者は使えそうだな」と思ってもらえないと、世間話から少しも進展しません。使える情報つまり有益な情報をもっていく必要があります。

それでは、社長にとって「使える情報」とは何でしょうか。これは大きく分けると二つあります。一つは会社の悩みに関する情報、もう一つは家族の悩みに関する情報です。往々にして、会社に関する情報に意識が偏りがちですが、社長さんは両方の悩みを抱えているのですから、渉外担当者としても二つの悩みに関する情報提供を心がけるべきでしょう。

ここで覚えておいてほしいことは、見返りを求めずに情報提供をし続けるということとです。決して、見返りを「求め」てはいけません。そのような行為はすぐに見透かされます。社会心理学者のロバート・B・チャルディーニは著書『影響力の武器』のなかで、返報性のルールについて、「親切や贈り物、招待などを受けると、そうした恩恵を与えてくれた人に対して将来お返しをせずにはいられない気持ちになる」と説明しています。見返りは「求める」ものではなく、「与えられる」ものなのです。まさに「情けは人の為ならず」です。

提供すべき情報は目利きでつかむ

有益な情報のひとつとしては、中小企業に共通するものがあります。たとえば税制に関することです。中小企業の経営者はあまり税制に詳しくありません。たとえば渉外担当者が次のような情報提供をしたら、「ほう、今度の担当者は税制にも詳しいのか。使えそうだな」と思ってもらえるかもしれません。

「今度の税制改正では繰越欠損金の控除限度額を段階的に引き下げることになりましたが、中小法人等については現行の控除限度額が維持されることになりましたので、今回の改正の影響はありません。それどころか、繰越欠損金の繰越期間が10年（現行9年）に延長されますので、うまく使いたいですね」

このようなマクロ的な情報提供も大切ですが、最も効果的なのは、相手の会社に絞り込んだ有益な情報です。しかし会社の悩みは、その会社のことがわかっていないとつかめません。たとえば製造業なら、受注生産なのか見込み生産なのか、仕入れは見込み仕入れなのか、売れたものだけ仕入れているのか、薄利多売なのか、厚利少売なのか、川上産業なのか、川下産業なのか、などを理解していないと何も見えません。まずは、その会社の生命線がどこにあるのかをつかむことです。そのうえで目利きをします。

決算書などデータを見ることも大切ですが、基本は現地で現物を見ることです。具体的にいうと、自分の目で見て「社長、機械が5台ありますが、あの1台はなぜ動かさないのですか」などと聞くのです。もちろん1回の訪問では何もわかりません。何回も足を運んでいくうちに気づくことがあります。変化です。何か違いがあるはずです。そこに気づいて「どうされましたか」と聞けるかどうかです。聞くことで悩みが見えてきます。

さて、何回も訪問することが大切だといっても、ただ回数を重ねればいいというものでもありません。工夫が必要です。訪問する時間を変えてみるのも一案です。たとえば社長と10時のアポイントをとったとします。私は情報収集が必要だと思ったら、少なくとも30分前にはいくようにしていました。

30分前にいけば、従業員さんが応対してくれます。私は「お約束は10時ですが、たまたま予定があいたので早くきてしまいました。お待ちしていますので、気になさらないでください」といって待たせてもらいます。この30分間に見えるものがあります。従業員さんの応対は横柄かていねいか、社長がいるときの態度と違いはないか、会社にはどこからどのような電話がかかってきたか、など相当な情報を得ることができます。

これはプライベートな悩みにもあてはまります。たまたま時間を変えてうかがってみたら、社長の息子さんが学校から帰ってきていて話ができたとか、いつもいる犬がいなかったとか、何かしらの違いがあるはずです。その話題をきっかけに「昨日、息子がこんなことをいってきてね、あなたはどう思う」などとプライベートなことを話してくれるかもしれません。

無関心は最大の罪

私の支店では週に1回、勉強会を開いていましたが、そこではお客さまにもっていく情報についての勉強もしていました。有益な情報が見つからなくて行き詰まったら、みんなで知恵を出し合います。「あそこの社長なんだけど、もう半年通っているが、なかなか社長に喜んでもらえる情報を提供できないんだ。何かないかなあ？」と聞けば、「前の支店で、同業種の社長さんを担当したことがあったが、そのときはこんな話をもっていったら喜んでもらえたから、今度その話をしてみたらどうだろうか」などと大きなヒントをもらえることもあります。「三人寄れば文殊の知恵」です。たとえその場で直接的なヒントを得られなかったとしても、みんなが一緒に考え、応援してくれたことで、担当者の本気度はいやがうえにも高まります。チームワークで仕事をするからこそ、もっとがんばれるのです。

ある雑誌の調査によると、妻が離婚する理由は、昔は浮気でしたが、最近は圧倒的に夫の無関心だそうです。これはビジネスにも当てはまります。社長とその会社に本心から関心をもち、本気で役に立ちたいと思わなければ、相手は振り向いてくれません。うわべだけの関心は、百戦錬磨の社長には通じません。

社長が渉外担当者を信頼してくれるようになると「実はね」と、胸の内を明かしてくれます。この「実はね」こそが信頼関係ができた証しです。「意志あるところに道は開ける」といいますが、「相手の役に立ちたい」「有益な情報を提供したい」という強い意志さえあれば、あらゆる突破方法が見えてくることでしょう。

ポイント20　社長から「実はね」のひと言を引き出す方法

・返報性のルールを使う
・その会社の生命線をつかむ
・現地現物を見て変化に気づく
・心底相手に感心をもつ

Q17 ニーズは聞き出せても、クロージングがうまくいかない。どうしたらいいのか？

A17 ポイントは顕在化したニーズではなく潜在ニーズをつかまえることだ。

そもそも本当にニーズに合っていたのか

クロージングで大切なことは、まずスピードです。弱い者が強い者に勝つためには、「速さ」が大きな武器となります。資金ニーズをつかんだら、翌日には「このような条件で融資します」と返答するくらい迅速に動かないといけません。融資できるのかできないのか、はっきりしないまま時間が過ぎると、「おまえのところはもういい」と競合他行にもっていかれたり、話が立ち消えになってしまったりしかねません。

しかし、もしスピード回答したにもかかわらず、うまくいかないとしたら、それはそもそもニーズに合っていない提案だったのかもしれません。ニーズに合っていたと勘違いしたのではないでしょうか。本当に社長が望んでいる提案だったら、断る理由はないからです。

社長が社交辞令的にいったお愛想を真に受けて、「ニーズあり」と思い込んでしまった可能性があります。「売らんかな」の気持ちが強すぎると、こうした勘違いをすることがあります。これは実際よくある話です。社長は望んでいないのですから、当然、書類をもっていけば、「いやまだちょっとねえ」とはぐらかされます。

これは渉外担当者のミスです。きちんと事前に確認しなかったからいけないのです。たとえば、「今回は、ご融資額3000万円、融資実行日は○日、返済期間5年、保証人さんは○○で、不動産担保は○○で、毎月の返済は○日、金利は○%でよろしいでしょうか。もし違っているところがあればおっしゃってください。問題がなければすぐに書類を用意してきます」などと確認しておけば、渉外担当者の思い込みによるミスはなくなりますし、社長も腹を決めざるをえなくなります。

顕在化したニーズは他行も知っている

クロージングがうまくいかない原因として、顕在化したニーズばかりを追いかけていることも考えられます。たとえば社長さんに「今度、機械を買いたいので3000万円を5年間、融資してもらえんかね」といわれたとします。これは顕在化したニーズです。おそらく競合他行にも同じような話をしているでしょう。

さて、社長から聞いた話をそのまま持ち帰って、「社長がこういっていました」と報告するようでは、渉外担当者として能がなさすぎます。いわれたことをそのまま書類にしてどうするのですか。それは提案ではありません。間接金融の担い手である地域金融機関は、付加価値の提供が欠かせません。社長の会社の将来を考えて、真に社長の役に立つ提案をつくる必要があります。たとえば次のように提案するイメージです。

「社長さんが希望される5年返済ですと、毎月の返済額がこうなります。少し気になったのは、新しい機械が確実に返済額以上を稼ぎ出してくれるかどうかです。流行の製品をつくって業績を回復させたいというお気持ちはわかるのですが、私どもが調べてシミュレーションしてみたところ、少し返済計画に無理があるように感じられました。地域金融機関と地元の企業さんは運命共同体です。今回、私どもは、社長さんの会社の将来を真剣に考えてみました。そこでご提案なのですが、返済期間を思い切って3年延ばして8年返済にされてはどうでしょうか。そうすれば～」

顕在化したニーズは、競合他社も知っているニーズであり、条件面で有利なところにもっていかれます。しかし、相手のことを考えた、つまり潜在ニーズを掘り起こした提案ができれば、他行に案件をとられることはまずないでしょう。

もし、オリジナルな提案内容を他行に話して、同じ内容で競わせるようなお客さまだったら、そことは取引しないことです。お客さまは金融機関を選びますが、金融機関もお客さまを選びます。

クロージングの提案はシンプルに

次は、最終提案をする際の注意点についてご説明しましょう。ポイントは、論点を明確にすることです。たとえば「今回、私どもがする提案の骨子は、毎月50万円ずつ返済していたものが30万円になるという点です」というように、あれやこれやいわず、相手の最大の関心事に絞り込んで説明します。シンプルにすることで相手に与えるインパクトが強くなります。

もし、「そうかね。それは助かったよ。ところで金利はどうなんだい」と聞いてきたら、「いや、金利はすでにお示ししたとおりです」と答えます。「えっ、金利ですか」とあわてるから土壇場でおかしなことになるのです。相手は商売人だから、あわよくば安くならないかと思って、金利の話をしてくるでしょうが誘いに乗ってはいけません。また、「金利を下げられないなら、担保はなくてもいいだろう」と巧みに論点を広げて交渉してくることも考えられますが、決して論点をぶらしてはいけません。「おたくと競合しているところは、こういう条件を出してきたよ。そちらももっといい条件を出せるんじゃないのか」としつこくいってくるようなら、あまり深追いせず「私どもは一生懸命に考えて、いちばん初めにご提案をさせていただきましたし、社長さんが気にされていた月々の返済を50万円から30万円に引き下げる方法もご提案させていただきました。それでももっといい条件があるので、ほかと取引したいということなら、それは仕方がないですね」などといって、相手の取引姿勢を暗に問います。ここまでいっても金利競争させようとするなら、もともと縁がなかった先だと考えるべきです。

無理して、金利を下げて案件をとろうとする担当者もいますが、それはだめです。そういう取引はしません。担当者は、お客さまにうまい話をされると、「まだいけるんじゃないか」と思って関係を引っ張ってしまいますが、そのようなときは「それは違うよ。そこはもういいから次にいけ」と背中を押してあげることが大切です。

こちらはお金を借りてもらう立場ですが、取引は対等なので、引けないところは引けないといえばいいのです。あくまでも程度問題ですが、他行に乗り換えることをほのめかして金利交渉したり、いつも金利だけを基準にしていたりする先は、そもそも地域金融機関のお客さまではないと思います。そこに振り回されている時間があるなら、ほかの企業を回る時間に振り向けるべきです。お客さまはいくらでもいます。そういう意味からも事業所融資（法人融資）は、案件を数多くあげることが大事なのです。

アウェーで戦わないこと

最後にクロージングの場所について。お客さまは、「おまえのところで借りてやる」などといいますが、心のどこかに「お金を貸してもらう」という意識があります。だからこそ、クロージングするときは、相手の会社つまりこちらにとってアウェーではなく、支店つまりホームでするべきなのです。人数も3対1がいいでしょう。交渉ごとですから、場所がもたらす精神的な優位性と数的な優位性をもって臨むべきです。

たとえば3対1なら、「ささやき戦術」が使えます。商談中に私に耳打ちをさせる作戦です。私は「ああ、わかった。じゃあ、ちょっと時間をなんとかして」などと適当なことをいいます。社長に「ずいぶん忙しそうだな。あまり時間はないみたいだ」と思ってもらえればしめたものです。心理戦ですね。交渉をしているひまはなさそうだと思わせるのです。

一方、相手の会社に出向いてクロージングする場合は、優位性が逆に働きます。まず相手の人数が多いこと、そして社長もリラックスできること。自然と無理な頼み事もしやすくなります。人の家では、わがままをいいにくいのと同じです。クロージングをホームですれば、心理的に優位になり、土壇場で条件緩和をお願いされることも少なくなります。

ポイント21　クロージングで成功するための要因

・スピード第一
・潜在ニーズを顕在化する
・ニーズを確認する
・クロージングは論点をシンプルに
・ホームスタジアムで戦う
（勝負は、場の設定でほぼ決まる）

Q18 住宅ローンの肩代わりはどうすればとれるのか?

A18 答えざるをえない魔法のセールストークを使う。

お客さまの心理に投げかけるトーク

新任支店長として、支店に勢いをつけるためには、住宅ローンの肩代わりが有効です。その具体的な方法についてご説明しましょう。

まず「いつまでに何件獲得する」という明確な目標を立てます。次に態勢づくりです。支店の職員を組織横断的にチーム分けして、チーム対抗戦にします。個人の成果はチームによる成果に及ばないからです。最後は、訪問時のセールストークをつくり、そのトークを習得します。

住宅ローンの肩代わりという商品は、事業所融資(法人融資)とは異なり、家1軒につき1件しかニーズがありません。したがって数多く訪問することがひとつの秘訣《ひけつ》といえます。数多く訪問するためには、セールスにかかる時間をいかに短縮するかがポイントとなります。長々と話をするのではなく、相手が「イエス」(はい)としか返答できないようなセールストークを重ねるなかで、ニーズの有無を確認し、潜在ニーズを顕在化させていくのです。

住宅ローンの借換えニーズが顕在化している人は、すでにどこかで借換えをしていますす。ニーズが顕在化していない人は、「借り換えしても、そんなに違わないんじゃないか」「借換えできるのは知っているけどめんどうくさい」などを理由にためらっていることが考えられます。後者のお客さまがターゲットとなりますが、単純に「借り換えしませんか」とお願いすれば、先ほどの理由で断られます。

そこで、こうしたお客さまの心理を理解して、そこに投げかけるトークを用意します。最初のトークは次のようなものです。

①「住宅ローンの返済金額を減らしたいと思ったことはございますか？」

こういわれれば、お客さまは「ああ、そりゃあもう」といいたくなります。さらに続けます。

②「そうですよね。少なくなるといいですよね」

これにもお客さまは「はい」としかいいようがありません。ここで、さらにひと押しします。

③「少なくする方法があるんですけど、ちょっと一緒に考えてみませんか？」

どうですか。お客さまはもう「はい」としかいえないですよね。「いや、そんなことはない。私は住宅ローンをふやしたいんだ」などというお客さまはひとりもいません。誰だって返済を減らしたいと思っています。借換えのことをあまりわかっていないから、効果を疑問視したり、めんどうくさく思ったりしているだけなのです。お客さまの心理に寄り添って、「そうなるといいですよね」「一緒に考えてみませんか」とお勧めしていけばいいのです。

このセールストークをお客さまに投げかけると、住宅ローンの有無もわかります。返済が終わっている場合は、最初のトークで「うちは借りていませんから」と答えてくれるからです。その場合はそこでセールスを終えればいいのです。事前に法務局へ出向いて、謄本をとって調べる必要はありません。トークを投げかければ一発でわかります。

トークを教えるだけでは成果はあがらない

このセールストークは、つまるところ「償還明細表」を見せてもらうためのものです。さきほどの三つのトークのほかにクロージングのトークがあるだけのシンプルな構成です。全部で30秒程度しかかかりません。あまりにもシンプルなので、こうしてお話しすると、みなさん「えっ?」と驚かれます。何よりも「お願いします」といわないことに驚かれます。

私は「セールス」という言葉を使いましたが、モノを売るわけではありません。地域金融機関のセールスは情報提供のことで、セールスの成果は情報提供の結果です。お客さまの役に立つ情報を提供するのですから、「こんなに高い金利で借りていていいのですか」と胸を張ってセールスすればいいのです。それなのに、「借りてもらう」という意識が抜けないから、申し訳なさそうに「何とかお願いできませんか」といってしまいます。それは、地域金融機関のステータスをおとしめることになり、セールスすること自体も苦しくなるのです。

しかし、このように職員に説明しても、お願いセールスの意識が染みついているので、なかなか直りません。実際にお客さまと相対すると、つい「いまの金利はいくらですか」「うちもなるべく安くしますので」ついには「お願いします」といってしまいます。そのようなトークは教えていませんが、無意識のうちにアドリブでいってしまいます。これでは、せっかくのセールストークが台無しです。「セールストークを使ってみたけれど、成果があがらなかった」という声を聞くことがありますが、トークだけマネしても、成果をあげられない理由がここにあります。ロールプレーイングによって職員の意識改革をしながらトークを教えないと、あげられるはずの成果はあげられないのです。

ベテランほどうまくできない

それでは具体的にどのようにロールプレーイングで教えるのかをお話ししましょう。

二人でペアになって、職員役とお客さま役を交互に体験してもらいます。職員役には、決められたトークをそのとおりに話してもらいます。「なんだそれだけか」と思われるでしょうが、これが意外とできません。必ず何かしらのアドリブを入れます。特にベテランになるほど、また成功した経験がある人ほど、決められたトークを忠実に話すことに抵抗感を抱くようです。「これまでこのようにやってきて、うまくいっているのに、なぜいけないんだ」といいます。自分のスキルに、自信があるのです。

しかし、アドリブは絶対に入れさせません。文句をいってくる人には、「今回の住宅ローンの目標は、個人プレーではなくチームワークで達成することに大きな意義があるんだ。特定の誰かが成績をあげればいいのではなく、みんなで成績をあげるようにしないといけない。そのために、このトークでいこうとみんなで決めたんだから、それを守らないとだめだよ。まずはこのトークでやってみてくれ。やってみてうまくいかなかったらいってこい。そのときは直す。やりもしないうちから文句をいうのはやめてくれ」と強くいい聞かせます。

「守・破・離」です。まずは「守」ということで決められたトークを守ってやってみること。次に「破」として変えるべき点があれば手を加え、オリジナルトークをつくる、つまり「離」は最後の最後です。

一方、お客さま役には完全にお客さまになりきってもらうことが大事です。表情の変化も重要な着眼点になります。お客さま役は、何を職員役にいってもかまいません。

立場を変えればわかる

ロールプレーイングは、「これはちょっとひどすぎる」という場合を除き、途中でやめることはありません。一通りやりとりが終わった時点で、勧誘されたお客さま役に「借り換えしたいと思った？」と質問したり、勧誘した職員役に「どんなところがうまくいかなかった？」などと感想を聞いたりします。ロールプレーイングを見ていた職員にも感想を聞きます。

お客さま役からは「急にこられてそんなことをいわれてもねえ」「あんなに一方的にしゃべられると、ちょっと気分が悪い」などと率直な感想が出ます。こうした感想は、お客さま役が終わった時点で聞かないと忘れてしまいます。攻守交代すると、自分のセリフのことでいっぱいいっぱいになってしまうからです。

では、次はどう指導するのか、ちょっと再現してみましょう。

「お客さまは、『実は、以前ちょっとトラブルがあってやりたくないのよ』といったよね。そのときに、あなたはその言葉をスルーして○○といったけれど、そこからギクシャクしてうまくいかなかったよね。お客さまは怒っているんでしょ、だったらまずは謝らないといけないよね。それをしないで売り込んでしまうからうまくいかなかったんじゃないの。よし、今度は『そうですか。それは本当に申し訳なかったですね。失礼ですけど、どんなことがあったのでしょうか』とまずは話を聞くようにしてみようか」

このように、一字一句直していきます。お客さまが話さざるをえないような質問に変えるのがポイントです。言い換えると、話したくなることを聞く質問にするのです。

もう一例あげてみましょう。

「今回のお客さまとの会話で、あなたは何がポイントだと思った？　お客さまはこういっていたよね。そのとき、あなたは○○といったけど、なぜそういったの。今回うまくいかなかった理由は、あなたが中心になって会話を進めたからじゃないのかい。ちょっとやり直してみよう。お客さまが主役なんだから、お客さまがああいったときは、こういってみようか」

このように、セールストークについては、職員にどういったらいいのかを考えさせるのではなく、「こういってみなさい」と、具体的にトークをこちらで直します。ロールプレーイング研修を終えた職員は、「こんなに指導されたのは初めてです」といいます。それほど一人ひとり徹底的に教え込みます。

実際のセールスの場面では、相手があることなので、用意したセールストークだけでなく、想定外の対応もしなければなりません。ロールプレーイングでは、地域金融機関のセールスは、情報を提供することだという意識改革と、決められたセールストークを忠実に話すスキルの習得、そして即時対応力を鍛えます。

勝利を決めてから戦う

さて、セールストークが奏功して、「償還明細表」を見せていただいたとしましょう。実はここからが肝心なのです。数日後に訪問してみたら、「いま借りている金融機関に今回の件を話したところ、金利を下げてくれるというので、借換えしないことにしました」といわれてしまうかもしれません。このパターンがけっこうあるのです。お客さまからしてみれば、何度も話を聞いて、心底納得したうえで申し込んだわけではありません。短時間のセールストークを聞いただけで、借換えを決めてしまったのですから、時間がたつにつれて、魔法から冷めるように、「本当にここに決めてよかったのだろうか」と不安になるのも無理ありません。取引先の金融機関で条件変更しなかったとしても、「やっぱり今回はいいや」と逃げられてしまうかもしれません。

そこで、肩代わりをクロージングするために、三つのことを徹底していました。

一つ目は、迅速に処理することです。「償還明細表」を見せてもらったら、翌日の融資案件会議にかけて、即日決裁し、一刻も早く書類を整えてお客さまを訪問します。ここは急ぎます。早くしないとお客さまの気が変わるからです。

二つ目は、スケジュールを書面で細かく説明することです。「今日、決裁がおりましたので、〇日には融資が実行されます。融資実行の〇日前までには借入申込書を書いていただく必要があります。そして〇日には～」というように、スケジュールを書面化して説明することで、気が変わるのを抑止します。

三つ目は、サインを求めることです。書面でスケジュールを説明したら、「それではこういうスケジュールをご了解いただけたということでよろしいですね。では、金融取引は信義則上、取引内容を第三者に話してはいけないことになっており、皆さまにもご協力いただいておりますので、お客さまも第三者にお話しにならないでください」と説明して、第三者に取引内容を話しませんと書かれた文書にサインしてもらいます。

名前を書いたことで法的な効力が生じるわけではありません。心理的な抑止力が働くだけです。しかし、それが大きいのです。社会心理学者のロバート・B・チャルディーニは著書『影響力の武器』で、「コミットメントと一貫性」について述べています。人には「約束は守りたい」「自分がすでにした言動と一貫した言動をとりたい」という心理が働きます。サインをすることで、この「コミットメントと一貫性」の心理を働かせて、第三者に話をして借換えの意思が変わるのを防ぎます。

大切なのは「予防」です。孫子の兵法でいうところの、「勝兵は先ず勝ちて而る後に戦いを求め、敗兵は先ず戦いて而る後に勝ちを求む」つまり、戦に勝つ者は、勝つ態勢を整えてから戦をするということです。肩代わりを阻止される前に、手を打っておくことがクロージングでは大切なのです。

ポイント22　住宅ローンの肩代わり成功のコツ

・短期集中プロジェクトの立上げ
・チーム対抗戦
・セールストークの設定
・ロールプレーイングでトークを習得
・融資案件会議で即決

・スケジュールを書面で説明しサインをもらう
・見える化で進捗管理

Q19 年金キャンペーンの目標を達成するためにはどうしたらいいのか？

A19 短期集中と浴衣作戦で目標をクリアする。

応酬話法をつくりスキルを均一化する

年金に限らないことですが、キャンペーンを成功させる秘訣《ひけつ》は「短期集中」。長い期間しないことです。よく「すごい短期間に目標を達成したようですが、どうやったんですか」と聞かれますが、そもそも勘違いしています。短期間だからできたのです。1年間の目標を2週間程度で達成するようにします。具体的にそのときの手法をご説明しましょう。

まずは「粗品」です。粗品もないのに、ただ「お願いします」とはいいにくいものです。粗品があれば、「キャンペーン期間中に年金振込口座の指定変更をしてくださると、このような粗品を差し上げています」というセールストークが使えます。

次に応酬話法です。粗品を用意すれば、お客さまに声をかけやすくなりますが、それだけでは「はい、そうしましょう」とはいってくれません。お客さまの断りに対してどう切り返すのかを用意する必要があります。ここが年金キャンペーンの最大のポイントです。

私は、年金のセールスをして断られた事例を集め、そのときにお客さまからどのようにいわれたのかを書き出しました。次にそれを集約してみたところ五つしかないことがわかりました。お客さまの断り文句さえわかれば、もう応酬話法はできたようなものです。いくつか例をあげましょう。いちばん多かったのは「めんどうくさいからけっこうです」といわれるパターンです。このほかには「いまの金融機関には義理があるから」とか「たいした金額じゃないから」というパターンもあります。

たとえば「たいした金額じゃないから」といわれたら、「いえいえ、金額は関係ありません。私どもは、公金の収納および支払の事務に関して国の指定金融機関となっておりますので、年金などの公的なことは、ぜひお役に立ちたいと考えております」というように切り返します。このように応酬話法をつくって、徹底的にロールプレーイングすることで、誰でも年金の指定がとれるようになります。セールス・スキルの均一化をしたのです。

また、年金の目標に関しても、個人競争ではなくチームによる協力で達成するようにしました。支店に組織横断的なプロジェクトチームをつくり、チーム対抗にしたのです。進捗管理は、楽しい「見える化」です。

創意工夫でマンネリ打破

短期集中で目標を達成するには、集中力とともに創意工夫が必要です。そのお話をしましょう。

年金キャンペーンでは、お客さまにキャンペーンを意識してもらえるように、店内の雰囲気を変える必要があります。しかも、毎年行っているキャンペーンの場合、お客さまも職員もマンネリになりますので、いっそう新鮮な雰囲気づくりが求められます。

私は、日頃から「何かいいアイデアはないかなあ」と考えていました。そんなある日、お客さまの呉服店を訪問した際、社長から「浴衣を買ってよ」と頼まれました。「浴衣を着た職員が、受付に座っている写真が新聞などに載っているじゃない。おたくでもどうかね」というのです。「あっ、そうか。年金のキャンペーンにいいんじゃないか」とひらめきました。

しかし、職員のなかには抵抗感を覚える人がいるかもしれません。どのようにすれば浴衣を着てもらえるのか、時間をかけてプランを練りました。浴衣によるキャンペーンを打ち出したのは半年後です。当時ブロック長だった私は、支店長を集めて次のようにいいました。

「7月の2週間で年度目標を達成させます。マンネリ化傾向もあるので、今回はお取引先から浴衣を購入して、それを着てキャンペーンを演出します。浴衣の費用は金庫が出します。店内では女性職員が主役となりますが、男性が着てもかまいません。浴衣以外にも、飾り付け、うちわなどの小物にも気を配ってキャンペーンを思いっきり盛り上げてください」

しかし、不安に思っていたことが現実になってしまいました。原因は女性職員に対する説明不足です。義務だと思われたようです。すごい反発が起こりました。本部に、女性職員から「セクハラじゃないか」という電話が入り、私はいきさつを説明しなければならなくなりました。まさに伝え方が悪かったのです。

私は、きちんと経緯から説明するために、1店舗2人ずつ女性たちに集まってもらい、次のようなことをいいました。

「今回の浴衣キャンペーンは、うちの大事なお客さまから浴衣を買ってほしいと頼まれたからすることになりました。皆さんのお店でも、お取引先でご飯を食べたり、ものを買ったりするようにしていますよね。それと同じです。次に、浴衣の着用ですが、女性だけに着てもらいたいということではありません。男性でも女性でもかまいません。また、強制ではないので、浴衣は着ないという選択もあります。浴衣は、あくまでもキャンペーンを盛り上げる手段にすぎません。ほかに2週間で年間目標を達成できる手段があるなら、それを示してください。浴衣を着なくてもできるというなら、着なくてもかまいません。そのほうが金庫も費用負担をしなくてすみます」

女性たちが反発した本当の理由は別にありました。これは後からわかったことです。「金庫が経費で買って与えるのだから、そんなにお金はかけられないだろう。きっと気に入らない絵柄の浴衣やサイズの合わない浴衣を押しつけられるのではないか」と思い込んだようでした。

私は、そのようなことはまったく考えていませんでした。自分で着る浴衣は、サイズ、柄、帯、草履にいたるまで、すべて自分で選んでもらうようにしていたのです。それだけではありません。3日間、13時から17時まで4時間、着付け教室を開いてもらいました。仕事の一環ですから、すべて就業時間内にします。着付け教室が終わったら、そのまま帰宅してもらいました。これも仕事ですから、店にお伺いを立てる必要もありません。

いろいろありましたが、キャンペーンは大変な盛り上がりをみせました。着用は自由にしましたが、終わってみると、女性職員はみんな自分好みの浴衣を選んで着ていました。総勢100人くらいのお祭りでした。

ポイント23　年金肩代わり成功のコツ

・短期集中プロジェクトの立上げ
・チーム対抗戦
・セールストークの設定
・ロールプレーイングでトークを習得
・創意工夫でマンネリ打破
・見える化で進捗管理

Q20 支店長に最も必要なものは何か？

A20 それは使命感だ。

強い意志をもち数字を味方につける

支店長の使命は、成果をあげて目標数字を達成することです。求められているのは成果です。チームワークはそのための手段です。

成果をあげるためには、強靭《きょうじん》な意志が必要です。「残業ゼロで目標２００％達成」という数字は、とてつもなく高い目標です。必ず大きな壁にぶつかります。反対意見にあったり、みんながそっぽを向いたりすることが予想されます。

しかし、この大きな目標は、正しい目標です。会社にとっても、働く職員にとっても意義がある目標です。自分で決めた目標を信じて、どんなことがあっても、くじけずにやり通します。そもそも、簡単な目標なら、支店長が取り組む価値がありません。

支店長は、目標数字をどうとらえるかが問題です。「営業店は数字があるから大変だ」という話をよく聞きますが、それは大間違いです。実はむしろ数字があるから楽なのです。数字さえ達成すれば、いいたいことがいえますし、文句もいわれません。

数字をプレッシャーととらえるか、都合のいい武器ととらえるのか、その違いは大きいと思います。数字を味方につけるのです。こんなにいい武器があるのだから、なぜ使わないのか不思議なくらいです。数字さえあげれば、苦労してくれた部下を出世させることだってできるのです。

支店長はひとりで戦うわけではない

「残業ゼロで目標200％達成」は、高い目標ですが、支店長がひとりで取り組むわけではありません。支店長は、ある意味で単に旗を振っているにすぎません。支店の職員みんなに目標の意義を理解してもらい、賛同してもらい、共感を得てもらえるように、何度も何度も、きちんと説明して、全員で一丸となって取り組む目標です。

高い目標は人を成長させます。その意味で、会社は働く場所というだけでなく、職員が成長できたり、励まし合ったりして、結果、職員も組織も成長できる場所なのです。

縁があって共に働くのですから、一緒に高い目標に挑み、達成感を味わって、能力も人格も成長してもらいたい。

能力主義が浸透し、個人の能力ばかりがフォーカスされていますが、チームワークで取り組む一体感、楽しさは、ぜひ多くの職員に味わってもらいたいものです。特に金融機関の職員は、一丸となって取り組む感動をほとんど経験したことがないのではないでしょうか。チームワークという経験を通して、新たな自分を発見し、新たなことにチャレンジしてもらいたいと願っています。

初めて支店を任された時、どうすればいちばん効果的に、業績をあげて目標を達成し、職員を育てていけるのか思案しました。

尊敬する作家の宮城谷昌光氏の小説に出てくる「楽則能久」という言葉が脳裏に浮かびました。これは「楽しくやれば久しく繁栄する」つまり、楽しくやらないと業績はあがらないし、長続きもしないことを言い表しています。この言葉は、理論的にも、感覚的にも、そして経験的にも自分にとって腹落ちしました。しかし、「楽しく」といっても、金融機関の仕事は「楽しく」とは縁遠いものです。どうしたら、楽しくない仕事を楽しくできるのか。大きな壁が立ちはだかっている思いでした。

千思万考の末に得た答えは「やりがい」でした。楽しく仕事をするためには、「仕事に『やりがい』(するだけの値打ち)を感じられるようにすることではないか」と考えたのです。それでは、「やりがい」はどういう取組みをしたときに感じられるものなのだろうか。私なりに出した答えは、①誰もやったことのない、新しいことに挑戦する、②意義のある高い目標を設定する、③自主的に取り組む、④チームワークで臨む、の四つです。

この四つの要素を網羅する戦略を立てることができれば、「楽しく」仕事ができ、「やりがい」のある職場がつくれ、支店を繁栄させ、お客さまに貢献できると考えました。その戦略こそが「残業ゼロで目標２００％達成」です。これは、ようやくたどり着いた戦略であり、十分に合点がいくものでした。

しかし、なにぶん自分ひとりで考えた戦略です。この戦略でいいのか一抹の不安がありました。「疑事無功」（疑いをもって事にあたると成功しない）という言葉があるように、不安を抱えたままでは成功する道理がありません。

そのような折り、運よくトヨタ自動車さんから学ぶ機会を得ました。最初は、「畑違いの金融機関の支店長さんに教えるものはありません」と断られましたが、粘りに粘って教えてもらうことができました。こうして私は、その後の人生に大きな影響をもたらしてくれるトヨタ生産方式（ＴＰＳ）と出合ったのです。

私は、トヨタ生産方式に自分の戦略「残業ゼロで目標２００％達成」を照らし合わせてみて、「いける！」と確信しました。それだけではありません。トヨタ生産方式と融資業務がきわめて相性がよいこともわかりました。トヨタ生産方式は受注生産が基本であり、融資業務も同じく受注生産（融資の申込みから仕事が始まる）であるという点でまったく一緒であることに気づいたのです。そこで、トヨタ生産方式の二本柱である「JIT（ジャスト・イン・タイム）」「自働化」や「かんばん方式」「5なぜ」「創意工夫」「見える化」「カイゼン」などから、支店で応用できそうな手法を積極的に取り入れていきました。あらためてトヨタ自動車さんには感謝申し上げます。特に「受注生産方式」と「見える化」には大いに助けられました。

さて、戦略は決まりましたが、この戦略は私を含めて誰も経験したことがないことでした。特に「残業ゼロ」については、反対意見やできない理由が数多く噴出しました。この戦略の主役は職員たちです。職員が「どうしても残業ゼロで目標200%達成」したいと思わなければできません。職員には「摩擦を恐れるな」「摩擦がなければ何も生まれない」と繰り返しいい続けるなどして、戦略への理解を求めました。

職員の気持ちが大きく動いた出来事がありました。それは、支店全職員によるトヨタ自動車の工場見学でした。生産現場でじかに「かんばん」や「見える化」、そして現場で働く女性たちの姿を見て、職員、とりわけ女性職員の意識や行動が一変しました。「百聞は一見に如かず」でした。やがて、戦略がうまく回り出して成果が出てくると、僚店や県外の金融機関からの見学が相次ぐようになりました。このことは、さらに支店職員のモチベーションを引き上げてくれました。誰かに見られている（注目されている）とモチベーションが上がるという「ホーソン効果」が働いたのです。

私が、いままで楽しく仕事ができたのは、実際に成果を出してくれた職員のおかげです。素晴らしい職員たちと出会えたことに感謝したい気持ちでいっぱいです。最近、「地域金融の仕事にあまり魅力を感じない」「地域金融の仕事がおもしろくない」という声を聞きます。おこがましい言い方ですが、こうした声が今回の執筆の主な動機となりました。

拙著を通じて、地域金融の仕事の「やりがい」や「楽しさ」が少しでも伝わり、地域金融の仕事が、「地域や地元のお客さまの役に立ち、お客さまから助けていただいたり、教えていただいたりするなかで、自分自身が成長できる素晴らしい仕事である」ことを知ってもらえれば、こんなにうれしいことはありません。

刊行にあたって、きんざい出版センター部長の石川和宏氏には、方向性や細部にいたるまで有益な示唆をいただきました。心より感謝いたします。全員のお名前をここに書くことはできませんが、多くの方々の手助けやアドバイスのおかげで出版することができました。厚く御礼申し上げます。

2015年4月
鈴木富久

鈴木 富久（すずき・とみひさ）

1973年、岡崎信用金庫入庫。営業統括部新規業務推進グループ グループ長、豊田南支店支店長、総合企画部副部長、経営サポート部部長、理事 名古屋ブロック長、理事 リテール営業部長を歴任。入庫以来、一貫して営業現場に携わり、中小企業金融の分野で実績をあげる。現在、鈴木事務所 代表として、コンサルティング・講師などに活躍中。

残業ゼロで目標200%達成 常識を覆すマネジメント

2015年5月25日　第1刷発行
2015年8月24日　第3刷発行

著　者　　鈴木富久
発行者　　加藤一浩
印刷所　　文唱堂印刷株式会社

デザイン　　松田行正＋杉本聖士

〒160-8520 東京都新宿区南元町19
発行・販売　株式会社きんざい
編集部　　tel03(3355)1770 fax03(3357)7416
販売受付　tel03(3358)2891 fax03(3358)0037
URL　　http://www.kinzai.jp/

ISBN978-4-322-12666-2